정책연구 17-07
2017. 12

일본의 저성장 원인과 시사점
- 생산성 저하를 중심으로

김영덕

한국경제연구원

김영덕 부산대학교 경제학부 교수

연세대학교 경제학과를 졸업하고 미국 뉴욕대학교(New York University)에서 경제학 박사학위(전공: 거시경제학)를 취득하였다. 에너지경제연구원 연구위원을 거쳐 현재 부산대학교 경제학부 교수로 재직 중이다.
주요 연구논문 및 저서로는 "The Empirical Effects of a Gasoline Tax on CO_2 Emissions Reductions from Transportation Sector in Korea"(Energy Policy, 2011, 공저), "신재생에너지 발전기술과 국가 온실가스 감축목표 평가"(경제학연구, 2012, 공저), "정유사 휘발유 공급가격의 비대칭적 가격조정에 대한 실증분석"(자원환경경제연구, 2013), "지역의 산출-고용 관계에 대한 실증 분석"(경제분석, 2014), "수도권과 지역 대도시의 도시집중도가 지역광역권의 경제성장에 미치는 영향"(국제경제연구, 2015, 공저), "온실가스감축계획 변경에 대한 경제학적 설명요인 분석"(에너지경제연구, 2016) 등이 있다.

일본의 저성장 원인과 시사점 – 생산성 저하를 중심으로

1판1쇄 인쇄 | 2018년 2월 8일
1판1쇄 발행 | 2018년 2월 12일
발행처 | 한국경제연구원
발행인 | 권태신
편집인 | 권태신
등록번호 | 제318-1982-000003호

(07320) 서울특별시 영등포구 여의대로 24 FKI TOWER 46층
www.keri.org

ⓒ 한국경제연구원, 2018

ISBN 978-89-8031-799-8
5,000원

이 도서의 국립중앙도서관 출판예정도서목록(CIP)은 서지정보유통지원시스템 홈페이지(http://seoji.nl.go.kr)와 국가자료공동목록시스템(http://www.nl.go.kr/kolisnet)에서 이용하실 수 있습니다.(CIP제어번호: CIP2018003114)

CONTENTS

본문목차

요 약	7
I. 서론	12
II. 본론	14
1. 일본의 저성장 경험	14
2. 1990년대의 저성장과 저생산성	22
3. 저생산성 요인 분석	31
III. 결론	57
참고문헌	60

CONTENTS

표목차

〈표 1〉 미일 노동생산성 격차의 추이(미국=100)	20
〈표 2〉 Overview, by growth periods, 1960~1999(annual growth, in percentage)	22
〈표 3〉 GDP growth and its decomposition for the Japanese economy	23
〈표 4〉 Sources of economic growth in the US and Japan	24
〈표 5〉 Average annual labor productivity growth and contributions (% per year), in France, Japan, the United Kingdom and the United States(Cette, Kocoglu and Mairesse(2009))	25
〈표 6〉 Accounting for Japanese growth per Person Aged 20~69	26
〈표 7〉 Evolution of per capita output and realized wedges over time (1990~2000)	27
〈표 8〉 Variance decompositions	28
〈표 9〉 Total Factor Productivity Growth, 1979~1997 (annual percentage of growth)	29
〈표 10〉 Ten-Year Retention Rates for 1977~87 and 1987~97 in Japan: All Employees	41
〈표 11〉 Ten-Year Retention Rates for 1977~87 and 1987-97 in Japan: Male Employees	42
〈표 12〉 Ten-Year Retention Rates for 1977~87 and 1987~97 in Japan: Female Employees	42
〈표 13〉 Fifteen-Year Retention Rates for 1982~97 in Japan: Male Employees	43

그림목차

〈그림 1〉	일본 닛케이225 지수 추이	15
〈그림 2〉	일본 6대 도시 지가지수 추이	15
〈그림 3〉	일본의 신축아파트 평균가격 추이	16
〈그림 4〉	1980~90년대 초반 일본의 GDP 및 CPI 추이	16
〈그림 5〉	버블기의 통화·신용 추이(전년동기대비)	17
〈그림 6〉	주식시장을 통한 자본조달액 현황	17
〈그림 7〉	서비스업 임금의 상대적 추이	20
〈그림 8〉	The Estimated rate of Neutral Technological Change and the Diffusion Index of All Enterprises' financial Position in the Tankan	28
〈그림 9〉	TFP Growth in the Market Sector: by Sector and by Country: 1980~95 and 1995~2007*	30
〈그림 10〉	Capital Deepening and the Diminishing rate of Return to Capital in Japan	32
〈그림 11〉	Capital-output ratio	33
〈그림 12〉	TFP of Hayashi and Prescott(2002) (level, 1984=1.00)	33
〈그림 13〉	Operating ratio(84~89 average=1.00)	34
〈그림 14〉	Detrended real GNP per working-age person (Mode 1 = Miyazawa(2012))	35
〈그림 15〉	Capital utilization(Mode 1 = Miyazawa(2012))	35
〈그림 16〉	Capital-output ratio(Measured = Miyazawa(2012))	36
〈그림 17〉	남성과 여성의 명목임금 추이	38
〈그림 18〉	기업규모별 명목임금 추이	38
〈그림 19〉	실질임금 추이	39
〈그림 20〉	실업률 추이	39
〈그림 21〉	일본의 고용구조 추이: 전체	45
〈그림 22〉	일본의 고용구조 추이: 남성	45
〈그림 23〉	일본의 고용구조 추이: 여성	45
〈그림 24〉	Japanese labor market empirical evidence during the 1990s	47
〈그림 25〉	Data and simulation's wages	49
〈그림 26〉	Data and simulation's quarterly prob of finding job	49
〈그림 27〉	일본 인구피라미드의 변화	50
〈그림 28〉	Dependency Ratio and TFP Growth	51
〈그림 29〉	Contributions from Changes in Age Distribution of Working Age Population to TFP Growth, 1995~2035	52

요약

□ 일본의 저성장 경험

- 1990년대 일본은 1인당 GDP 성장률이 0.5%를 기록
  - 일본은 1990년 이전 35년 동안 지속되었던 견실한 성장과 선도국의 기반을 잃어버리고 유래 없는 저성장의 국면을 경험

□ 저성장의 원인에 대한 논의

- 공급 측면과 수요 측면 모두에서 저성장의 원인을 논의
  - 공급측면에서는 총요소생산성 증가가 감소하였다는 생산성 저하가 주로 논의되고 있음
  - 수요측면에서는 유효수요 부족과 디플레이션의 영향에 대한 논의가 주도적임
  - 본 연구에서는 공급 측면의 생산성 저하에 대한 논의를 중심으로 일본의 저성장을 설명하고자 함

□ 일본의 저성장 경험

- 버블과 버블붕괴
  - 일본의 버블은 다음의 세 가지 형태로 나타남
  - 주가, 지가 및 주택가격 등 자산가격의 급격한 상승
  - 경제활동의 과열
  - 통화신용 공급의 팽창
- 프라자합의와 금융자유화
  - 1980년대 추진된 금융자유화와 1985년 프라자합의에 의한 엔고에 따라 일본은행은 신용을 확대하고 금리의 하락을 가져옴
- 금융정책과 부실채권 처리 실패
  - 버블에 대한 대응으로 통화긴축정책이 사용되었으며, 이는 버블붕괴의 원인이 됨
  - 금융기관 파산 등 신용불안이 나타나고 은행의 대출 기피 등 신용경색을 초래함
  - 이에 대해 기업은 부실채권을 감추거나 숨기고 정부의 지원은 부실채권 처리를 연장하

거나 지연하는 현상을 초래함
- ○ 정부의 총수요관리정책의 실패
  - 1991년 이후 경기가 침체되자 국내 수요를 증대시키기 위해 9차례에 걸친 경기부양책을 내놓음
  - 이는 어느 정도 수요 감소폭을 줄이는 역할을 하였으나 만족스럽지 못하였고 일시적인 효과만을 가져옴
  - 특히, 건설업 등에서는 오히려 구조조정이 지연되었음

□ 일본의 1990년대 생산성 저하
- ○ 일본의 1990년대 저성장은 생산성 저하와 근로시간 축소가 유발하였음을 논의
  - 대표적으로 Hayashi & Prescott(2002)의 연구를 들 수 있음

Accounting for Japanese growth per Person Aged 20~69

(단위: %)

Period	Growth rate	Factors			
		TFP factor	Capital intensity	Workweek length	Employment rate
1960~1973	7.2	6.5	2.3	-0.8	-0.7
1973~1983	2.2	0.8	2.1	-0.4	-0.3
1983~1991	3.6	3.7	0.2	-0.5	0.1
1991~2000	0.5	0.3	1.4	-0.9	-0.4

자료: Hayashi·Prescott(2002)

- 1991~2000년 기간 동안 총요소생산성 증가율은 1인당 성장률에 기여가 거의 없음
- Chakraborty(2009)의 연구에서는 1990년대 경기침체가 효율성 감소와 투자의 왜곡에 의한 현상임을 논의
- Kaihatsu & Kurozumi(2014)의 연구는 금융충격이 존재하는 모형에서도 부정적인 중립석 기술충격이 1990년대 저성장을 설명하는 것으로 나타남

□ 자본: 과도한 투자(Over-investment)

　○ 과도투자 가설
　　- 상당기간 동안 일본의 기업은 과도한 투자를 하였음
　　- 과도 투자는 주주에게 불리한 상황이며 일본의 기업지배구조 약화가 원인일 수 있음
　　- 이러한 과잉 투자에 대해서 경영자들이 지나치게 비생산적인 자본재를 구입하거나 생산성이 낮은 근로자들을 고용하였을 가능성이 있음을 지적
　　- 1990년대 저생산성은 과도한 자본투자와 연결되어 있으며, 기업의 경영자들이 기업규모 확대를 경영목표로 삼아 발생할 수 있음을 논의
　　- 자본의 이용률이 내생적으로 변화하는 모형에서도 총요소생산성 증가율의 감소가 자본의 이용률 수준을 감소시켰으며 1990년대 저성장을 초래한 원인임을 확인

□ 노동: 고용구조

　○ 일본의 고용구조는 1990년대 초반의 버블붕괴 이후 기존의 구조가 상당기간 지속되었던 것으로 파악됨
　　- 일본의 경제성장을 주도한 종신고용제, 연공서열제, 기업별 노동조합제 등은 산업갈등을 줄이고 기업혁신을 도모한 고용구조였음
　　- 이러한 고용구조는 최소한 1990년대 중반까지 구조적 변화를 수용하지 못하고 기존의 구조를 그대로 유지하였음
　　- 이러한 구조적 변화 지연은 기업지배구조와 고용과 관련한 기업문화와 관행에 의한 것으로 볼 수 있음. 특히, 사양산업에서 상승산업으로 또는 비효율적 기업에서 효율적 기업으로 노동이 이동되는 것을 저해함
　　- 일본의 종신고용제는 1990년대 말까지도 실제로 지속된 것으로 분석되고 있으며, 저성장 기간 동안의 다운사이징은 청년층 또는 경력이 짧은 중간연령층 근로자에 집중된 것으로 분석됨
　　- 기존의 중간연령층이 고령화되면서 기존 노동인구의 생산성이 낮아지는 효과와 기존의 고용을 유지함으로써 생산성이 높은 신규인력의 진입을 어렵게 만들어 높은 신규 인력을 사용하지 못하는 효과가 겹쳐 노동생산성 수준이 낮아지는 현상을 초래함

□ 노동: 인구구조

　○ 일본의 전후 베이비붐 세대가 핵심생산연령층이 되는 기간은 1985~95년 기간임
　　- 생산인구의 고령화는 기업의 두 가지 부담을 증대시킴
　　- 기업의 핵심생산 연령층이 중간 관리자 자원 규모를 증대시켰고, 종신고용 등으로 이들

인적자원을 유지하기 위해서 기업은 규모를 늘리거나 자회사 등을 확대할 유인이 발생하게 되었으며, 이는 자본의 축적을 심화시켜 자본의 수익률을 떨어뜨리고 수익성 감소를 초래하였음
- 생산인구 연령이 높아짐에 따라 연공서열제 기준으로 임금부담이 높아지고, 실질임금과 노동생산성 간의 연계가 약화되면서 근로 유인이나 혁신 유인이 감소하게 됨
- 이는 결국 생산성을 낮추는 요인으로 작용하였을 것으로 분석됨. 일본의 총요소생산성과 생산연령인구의 고령화의 관계를 실증분석한 연구에서 생산연령인구의 고령화는 총요소생산성에 부정적인 영향이 있음을 밝히고 있음

□ 비효율성: 제도 및 정책

○ 비효율적 기업과 정책
- 1990년대의 저성장을 유발한 요인으로 비효율적인 기업이 생산한 산출의 비중이 높은 상태에서 비효율적인 기업과 사양산업을 보조해주는 정책이 주요인임을 강조하고 있음
- 일부 산업에서 시장에 머무르고 있는 기존 기업에 비하여 퇴출기업의 평균 총요소생산성 수준이 더 높은 것으로 나타나기도 함. 시장원리에 따른 시장퇴출이 아닌 생산성 역설 현상이 나타남
- R&D 집약도와 국제화가 높은 기업일수록 생산성이 높은 생산성 상위기업으로 나타남. 그러나 생산성 상위기업일수록 구조조정과 해외 생산 재배치로 고용감소가 크며, 생산성 상위 기업의 매출 증가가 하위기업의 매출 증가보다 낮은 것으로 나타남
- 생산성 저하를 설명하는 요인으로 기업들의 생산성 격차가 확대된 것을 지적하기도 함. 이는 생산성 충격이 발생하였을 때 투입요소의 적정수준으로 자원을 배분하는 의사결정이 지연되고 있기 때문임. 특히, 자본의 배분 오류가 큰 것으로 나타나는데 이는 정책금융에 의한 비효율성에 따른 것으로 분석되고 있음
- 또한, 정부에 의해서 수행된 적극적이고 경기확장적인 정책수단이 노동시장에 전반적으로 부정적인 효과가 있었음을 밝히고 있음. 생산성 이외에도 정부부채의 가파른 증가가 주요한 요인임. 이는 해고를 초래하였을 기업을 지원하고 새롭게 출현할 수 있는 일자리 기회를 억제하는 역할을 한 것으로 분석되고 있음

□ 결론 및 시사점

○ 일본의 1990년대 저성장은 생산성 저하에 의한 현상임

○ 생산성 저하, 과도한 자본, 경직적 고용구조, 비효율성 등이 1990년대 저성장과 함께 나타남

○ 시사점
- 기술적 능력이나 높은 수준의 인적자본을 갖추고 있더라도 새로운 환경에 대한 대응이나 적응을 하려는 수용적 태도가 존재하지 않는다면 생산성 증가는 멈출 수 있음
- 기업이 새로운 변화나 새로운 기술 및 제품을 개발하여 새로운 환경에 적응하려면, 기존의 성공 관행이나 틀에서 벗어날 필요가 있음
- 우리나라의 경험은 변화에 대해 적극적이고 개방적이지만, 사회구성원이 지나치게 안정을 추구하고 위험에 대하여 소극적이고 회피적인 경향을 보이고 있으므로 이를 유의할 필요가 있음
- 저성장 시기의 일본정부의 정책 경험은 정책실패가 저성장의 주요 요인 중의 하나임을 유의할 필요가 있음. 기업의 기대 형성에 혼란을 주고 일관성이 결여된 정책과 비효율성을 제거하는데 실패한 정책 경험이 일본 저성장과 생산성 둔화에 주요한 요인임을 인식할 필요성이 있음

I. 서론

1990년대 이후 일본은 1인당 GDP 성장률이 0.5%를 기록하는 등 그 이전 35년 동안 지속되었던 견실한 성장과 산업 선도국의 기반을 잃어버리고, 유래 없는 저성장의 국면을 경험하였다.

이러한 저성장의 원인은 무엇인가? 유효수요의 부족과 디플레이션에 따른 유동성 함정이 실망스러운 경제적 성과를 가져온 것이라 주장하는 일련의 학자들도 있으며,[1] 노동 투입요소의 저성장과 생산성 둔화 등 일본의 경제성장을 감소시킨 공급측면의 여러 중요한 요인이 있음을 강조하는 그룹의 학자들도 있다.[2] 흔히들 부적절한 재정정책, 유동성 함정, 1980년대 말과 1990년대 초 버블 시기 동안의 과도투자(over-investment)에 따른 투자 위축, 좀비 가설과[3] 같은 금융기관의 문제 등을 가설로 제시하기도 한다. 본 연구에서는 이러한 요인들 중에서 생산성 둔화를 일본 경제 저성장의 핵심적인 요인으로 설명하고, 이러한 생산성 둔화와 연관되어 있는 저성장의 요인을 분석하고자 하였다.

특히, 일본의 저성장을 생산성 증가의 둔화에서 찾고, 생산성 증가를 둔화시킨 요인에 대해서 조사하였다. 생산성 증가는 투입요소의 증가가 산출 증가에 기여하는 정도에 비하여 산출의 증가가 높은 것을 의미한다. 생산성 증가는 기술의 발전이나 효율성의 증대에 의해 실현된다고 볼 수 있다. 본고에서는 일본의 저성장 시기인 1990년대에 생산성 증가가 어떻게 측정되었는지를 우선적으로 살펴보았다. 생산성 증가를 구하는 방법은 일반적으로 성장회계방식을 통해 측정하게 된다. 따라서 성장회계방식을 통해 생산성 증가와 성장의 요인분해를 다루는 연구들로부터 1990년대 생산성증가가 어떠한 모습을 나타내는지를 살펴보았다. 이로부터 1990년대 생산성 증가가 다른 시기에 비하여 낮은 수준으로 정체되었음을 확인하였다.

일본의 저성장 시기에 나타난 생산성 증가 둔화 현상을 초래한 경제적 상황은 무엇인지를 분석하기 위하여 생산투입요소인 자본과 고용(노동)의 움직임을 1990년대를 중심으로 살펴볼 필요가 있다. 자본과 관련해서는 저성장 시기 일본의 과도한 자본 보유에 대한 논의를 살펴보고 자본의 이용률과 자본의 과다 보유에 대한 논의를 검토하였다. 자본의 과다 보유

---

1) Yoshikawa(2003), Fukao(2003)
2) Hayashi and Prescott(2002)
3) Ahearne and Shinada(2004)

가 생산성 증가 둔화에 미친 영향은 비생산적 자본의 보유로 볼 수 있으므로, 이러한 비생산적 자본 보유에 대한 일본 경제의 동기와 유인에 대한 논의가 필요함을 제기하였다. 기업의 수익성을 목표로 자본집약적 기술진보가 체화된 투자를 증대하려는 의사결정을 내리기에 일본 기업의 지배구조가 유인부합적이 아니었으며, 환경의 변화에 적응하는데 오랜 시간이 걸리는 기업지배구조와 관성을 유지하였다는 점에서 생산성 둔화와 과도한 자본이 연결될 수 있음을 논의하였다.

노동과 관련해서는, 전후 일본의 경제성장을 주도한 제도 중의 하나는 종신고용제 등을 비롯한 고용구조라고 할 수 있다. 일본의 경제성장 과정에서 노동절약적 기술진보를 요구하는 추세로 접어들었음에도 불구하고 일본의 고용구조는 이에 대하여 유연하게 대응하지 못하고 과거의 고용구조를 이어가는 관성으로 인하여 변화에 빠르게 적응하지 못하고 생산성이 정체되어 저성장을 초래하는 원인이 되었음을 논의하였다. 이러한 논의는 저성장 시기인 1990년대에도 종신고용구조가 유지되었으며, 이는 근속률을 조사한 미시적 연구로부터 확인할 수 있었다. 이러한 고용구조는 1998년이 지나서야 변화를 보이기 시작하였으며, 이러한 노동시장의 구조적 변화에 따라 노동시장의 구조가 청년 및 여성의 실업을 증가시키는 결과를 가져왔음을 논의하였다. 또한, 장기실업률의 추이 및 신규 취업을 표현하는 구직률 등으로부터 노동시장의 구조적 변화를 논의하고 이에 대한 원인을 살펴보았다.

저성장과 생산성증가 둔화의 요인으로서 비효율성은 가장 많이 언급되는 요인이라고 할 수 있다. 이에 대한 논의에 따르면 비효율적 기업의 비중이 유지되고 있는 점과 사양산업을 보조하는 정부의 정책 실패 등이 새롭고 생산적인 기술 도입을 저해하였을 가능성을 제시하고, 기업 스스로 변화에 대한 적응이 더딘 의사결정 구조를 가지고 있는 점과 경제 정책 수단이 노동시장에 부정적 효과가 있었음도 논의하였다.

본고의 구성은 다음과 같다. 본론에서는 우선, 일본의 저성장 경험에 대해서 살펴보았다. 일본 저성장과 관련한 경험들을 버블과 버블붕괴, 정부의 정책, 규제와 생산성 저하 및 이에 따른 내외가격차와 비효율성 등 1990년대의 일본의 경험에 대하여 공통된 사실들을 정리하였다. 또한, 저성장과 저생산성을 제시하는 연구들로부터 저성장의 형태와 추이 및 성장회계방식을 통하여 추정된 생산성증가율 등을 표현함으로써 저성장과 저생산성의 관계 및 저생산성으로부터 저성장이 초래되었음을 논의하였다. 다음으로 생산성 저하와 관련한 요인을 세 가지 요인으로 구분하고 분석하였다. 자본의 축적, 노동의 구조적 변화, 비효율성의 관점에서 생산성 저하와의 이들의 관계를 살펴보았다. 마지막으로 결론에서는 생산성 저하의 요인분석을 중심으로 시사점을 정리하고 우리나라에 대한 시사점을 살펴보았다.

II. 본론

1. 일본의 저성장 경험

□ 버블과 버블붕괴

자산가격은 일반적으로 펀더멘탈에 의해 결정되지만 이를 뛰어넘어 펀더멘탈로 설명할 수 없는 부분을 버블이라고 할 수 있다. 버블은 어떤 이유에 의해서 자산가격이 상승하고, 이 자산가격 상승에 대해서 향후 자산가격이 더 상승할 것이라는 자산가격 상승기대를 가진 투자자들이 시장에 참가하여 가격이 급격히 상승하는 현상을 의미한다. 일본의 버블은 자산가격의 급격한 상승, 경제활동의 과열, 통화신용 공급의 팽창이라는 세 가지 형태로 나타났으며, 이를 기준으로 1987~1990년 4년에 걸친 기간을 일본의 버블기로 정의하고 있다.[4]

아래의 그림은 일본의 주가, 지가 및 아파트 가격의 추이를 제시하고 있다. 이를 살펴보면 주가는 1989년을 피크로 이후 급격한 하락을 경험하였고, 지가는 1990~91년도를 피크로 그 이후 급격한 하락을 맞이하는 모습을 나타내고 있으며, 신축아파트 평균가격 역시 지가와 유사한 추이를 나타내고 있음을 확인할 수 있다.

---

[4] 버블기의 세 가지 특성에 대해서는 조종화·이형근(2003)의 연구를 발췌하였다.

〈그림 1〉 일본 닛케이225 지수 추이

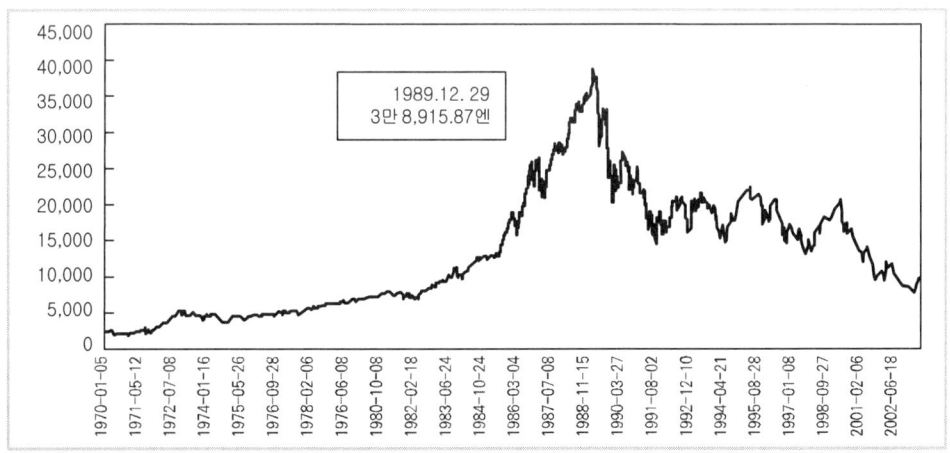

자료: Bloomberg

〈그림 2〉 일본 6대 도시 지가지수 추이

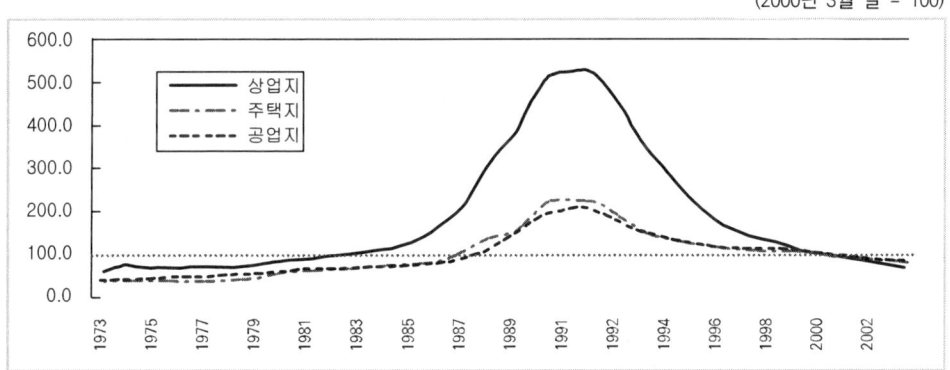

주: 각 년도는 3월말 기준임
자료: 日本不動産硏究所(2003)

<그림 3> 일본의 신축아파트 평균가격 추이

(단위: 만 엔)

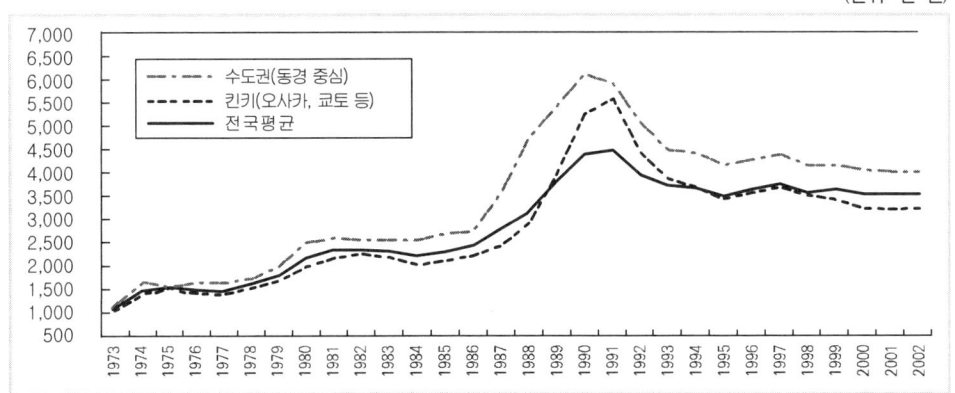

주: 조사대상은 1973~2002년간의 30년으로 전국에서 거래된 3층 이상의 민간분양 아파트(일본에서는 이를 맨숀이라 함)임. 신축아파트의 평균가격은 한 채당 가격으로, 예컨대 1973년 수도권에서는 한 채당 전용면적은 55.56m², 2002년에는 78.04m²
자료: 日本不動産硏究所(2003)

1980년대 후반의 버블기에는 경기도 과열되는 모습을 찾아볼 수 있다. 이는 아래의 그림에서 잘 나타나 있다. GDP 증가율은 1988년까지 경기가 호조세를 보이면서 상승추세를 보이다가 1988년을 피크로 하향 추세를 나타내고 있으며, 물가는 1987년까지 상승이 둔화되다가 그 이후 1991년까지 물가상승이 가속되다가 그 이후 하향추세를 보이고 있다.

<그림 4> 1980~90년대 초반 일본의 GDP 및 CPI 추이

(단위: %)

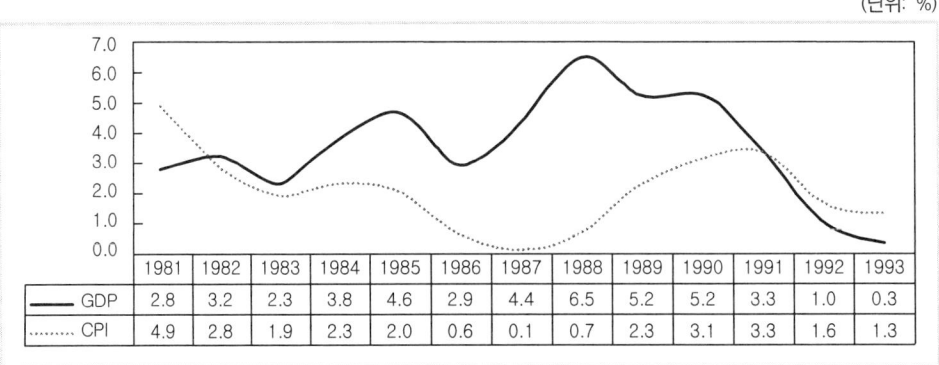

	1981	1982	1983	1984	1985	1986	1987	1988	1989	1990	1991	1992	1993
GDP	2.8	3.2	2.3	3.8	4.6	2.9	4.4	6.5	5.2	5.2	3.3	1.0	0.3
CPI	4.9	2.8	1.9	2.3	2.0	0.6	0.1	0.7	2.3	3.1	3.3	1.6	1.3

자료: 內閣府 經濟社會總合硏究所(GDP), 總務省 統計局(CPI)

한편, 버블기에서 또 다른 특징 중의 하나는 통화공급의 팽창으로 볼 수 있다. 통화공급의 추이를 살펴보면 아래의 그림에서와 같이 1986년 증가율이 다소 하락했지만 전반적으로 높은 통화증가율을 나타내고 있다. 이는 금융시장에서의 자금조달비용을 낮추는데 기여하였을 것으로 예측할 수 있다. 이러한 상황에서 기업은 자금조달이 쉬워지면서 투자를 확대하였을 가능성이 매우 높다.5) 기업의 주식시장을 통한 자본조달을 살펴보면 자금조달비용이 매우 낮았음을 알 수 있다.

<그림 5> 버블기의 통화·신용 추이(전년동기대비)

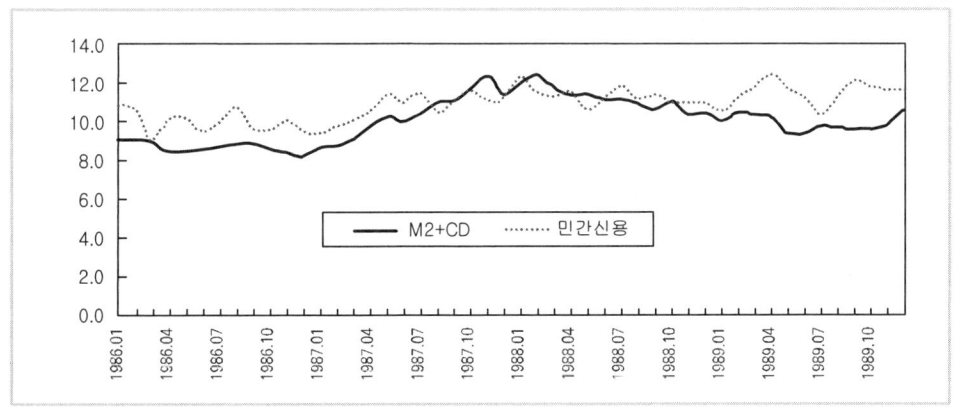

자료: 일본은행 조사통계국, 「금융경제통계월보」 (http://www2.boj.or.jp/dlong/dlong.htm)

<그림 6> 주식시장을 통한 자본조달액 현황

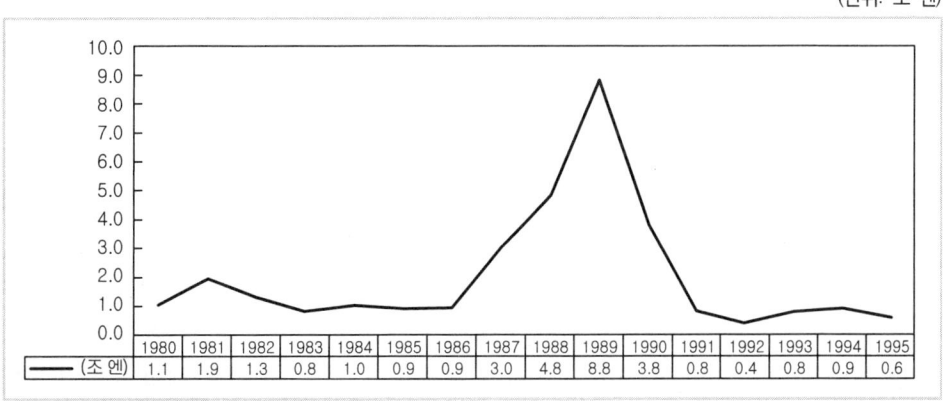

자료: 東京證券去來所(http://www.tse.or.jp/)

---

5) 통화팽창정책으로 기업은 자금조달이 용이해졌으며, 이는 기업으로 하여금 시장이자율에 대한 기대 형성 착오를 초래하게 되어 과도한 자본축적을 가능하게 하였을 가능성도 지적되고 있다.

□ 버블형성의 원인으로서 프라자합의와 금융자유화

1980년대부터 추진된 일본의 금융자유화와 1985년 9월 프라자합의에 의하여 엔화가치의 폭등이 있었다. 엔화환율은 1985년 2/4분기 달러당 250.7엔에서 1988년 2/4분기 달러당 125.6엔으로 3년 동안 50% 엔화가치가 폭등하였다. 이에 따라 일본은행은 금융을 확대하게 되고, 이는 금리의 하락을 가져오는 동시에 지가와 주가를 동반 상승시키는 자산가격 급등 현상을 초래하였다. 1986년 이후의 금리의 하락은 기업의 이자비용 부담을 크게 줄여 주었으며, 이는 제조업 영업외 손익의 대폭적 개선으로 이어졌으며, 버블 기간 동안 일본 제조업의 수익성이 오히려 개선되는 형태를 야기하였다. 이는 결국 기업의 생산성 증대를 통한 수익성 개선 시도를 저해하는 유인을 제공하였다. 또한, 버블 기간 동안에 이루어진 과도한 투자는 버블 붕괴 이후 일본이 장기간 경제 침체를 겪게 되는 주요한 원인이 되었다고 볼 수 있다.

□ 통화금융정책의 실패

또한, 이러한 자산가격 버블에 대응한 중앙은행의 통화긴축정책은 버블붕괴의 주 원인이라고 할 수 있다.[6] 대규모 은행 등 금융기관의 파산이 발생하였고, 신용불안에 따른 예금인출과 예금전환이 발생하는 등 금융시스템의 문제가 노정되고 이를 처리하기 위하여 재정자금이 투입되기에 이르렀다. 특히, 1990년대 후반 은행의 리스크 부담능력 저하로 대출 기피 현상이 나타나 신용경색을 초래하였다. 이에 더불어 정부는 은행에게 부실채권처리 연장을 장려하기도 하였다.

□ 부실채권 처리의 실패

1987~1992년 동안 일본 은행들의 기업대출은 GDP의 73%에서 97%로 증가하였으며, 대부분 담보대출이었다. 이러한 상황에서 버블붕괴와 함께 금융기관의 부실문제가 나타나기 시작하였다. 금융부실과 함께 부동산담보가치가 하락하여 신용경색이 발생하였고, 이는 다시 기업부도로 이어져 새로운 부실채권이 발생되는 현상이 나타났다. 이에 대해 정부는 부실채권을 신속하게 처리하는 대신 시간을 지연시켜 부실채권의 문제를 악화시킨 경향이 있었다. 이와 같이 관료제의 관행이 부실채권 처리 실패의 하나의 요인이라고 볼 수 있다. 대부분의 규제는 책임지지 않는 관료가 관료 자신을 지키기 위한 규제라고 볼 수 있다. 재정투융자를 통해서 특수법인을 만들고 낙하산식 인사가 이루어지도록 하는 관행이 부실채권의 문제를 악화시켰다.

---

[6] 물가가 별로 불안하지 않은 상황에서 통화당국이 금리인상을 시도한 것은 부동산 버블이 사회 문제화되자 이에 대해 급격하게 대응하였기 때문이라는 시각이 일반적이다.

한편, 버블붕괴 이전에는 부실채권에 대하여 주거래은행이 풍부한 자금력을 바탕으로 부실기업의 파산을 방지하는 방식의 처리를 우선적으로 하였다.7) 그러나 버블붕괴 이후 은행들은 부실채권이 누적되면서 자금력이 부족하게 되고 이에 따라 부실채권의 처리를 지연하려는 경향이 나타났다. 결국 부실채권은 계속 누적되는 현상이 지속되었다.

또한, 기업의 입장에서도 장기적인 시각에서 회복에 자신감이 팽배했으므로 부실채권이 누적되어 파산되는 것을 되도록 회피하려는 경향이 매우 강하였다. 일시적인 부실채권의 문제만 넘긴다면 장기적으로 다시 회생할 가능성을 믿고 있었다. 이러한 자신감은 부실채권의 규모를 숨기려는 유인을 제공하였다. 주식비공개회사는 재무내용을 공개할 의무가 없으므로 부실채권을 감추기 위한 수단으로 이용되어 왔다. 이는 중소기업의 부실부채가 커지는 상황으로 이어졌다. 대기업의 경우에도 자회사에 부실채권이 숨겨져 있었다.

☐ 규제, 생산성 및 내외가격차

내수부문 재화와 서비스부문의 생산성이 수출부문에 비하여 현저히 낮은 현상이 지속되었다. 내수 부문의 낮은 생산성에도 불구하고 토지와 관련한 불합리한 세제와 농산물에 대한 수입규제 등으로 이들의 가격이 상대적으로 높았다. 토지 보유에 대한 실효세율이 토지거래에 대한 실효세율보다 낮은 것으로 알려져 있으며, 이러한 상황에서 미래의 토지가격 상승 기대 하에서 토지 보유를 계속하려는 유인을 제공하였고, 토지 공급이 부족하게 된 원인 중의 하나였다. 이러한 토지 공급부족은 토지가격 상승을 부추겼고, 이는 다시 토지 보유를 지속시키면서 토지 공급을 제한하는 순환과정을 가져왔다.

노동의 경우 고용을 유지하는 규제를 만들어 노동생산성이 저하되고 고용은 유지되는 형태를 취하게 된다. 반면에 국제시장에서 경쟁하는 수출부문의 생산성은 상승하고 가격은 하락하였다. 여기서 내외가격차가 발생하였다. 내외가격차에 의해 일본의 고용은 보호를 받았다고 볼 수 있다. 한편, 비제조업부문의 가격이 높은 것은 생산성이 낮기 때문이며, 서비스업의 임금이 높은 것은 규제에 의해 소득을 보호받고 있기 때문인 것으로 볼 수 있다.

---

7) 이러한 처리방식은 일본의 고용구조와 밀접한 관련이 있다. 기업이 파산하게 되면 기업이 종신고용제와 기업의 인적자본 형성 방식 등의 고용구조에 따라 많은 인적자본을 잃어버리게 되는 효과가 나타날 수밖에 없으며, 이를 최대한 억제하는 방식으로 파산을 회피하는 부실기업 처리방식이 일반화되었다.

<표 1> 미일 노동생산성 격차의 추이(미국=100)

연도	총합	농림 수산업	제조업	건설업	운송·통신업	전기·가스·수도업
1885	12.9	8.4	7.9			
1900	15.7	9.4	14.8			
1910	16.4	10.2	11.5	10.2	36.7	22.3
1920	19.0	12.9	13.3	12.0	34.2	31.5
1929	19.4	10.9	15.9	16.4	47.6	62.5
1939	27.0	10.9	24.8	46.0	32.1	49.3
1953	19.8	5.8	22.5	19.8	15.6	15.5
1986	30.7	8.3	36.3	19.7	25.5	22.1
1975	52.5	9.4	69.7	49.0	39.2	22.9
1990	77.7	9.1	100.6	75.5	39.1	43.3

자료: Dirk pilat, "The Sectoral Productivity Performance of Japan and U.S. 1885~1990"

<그림 7> 서비스업 임금의 상대적 추이

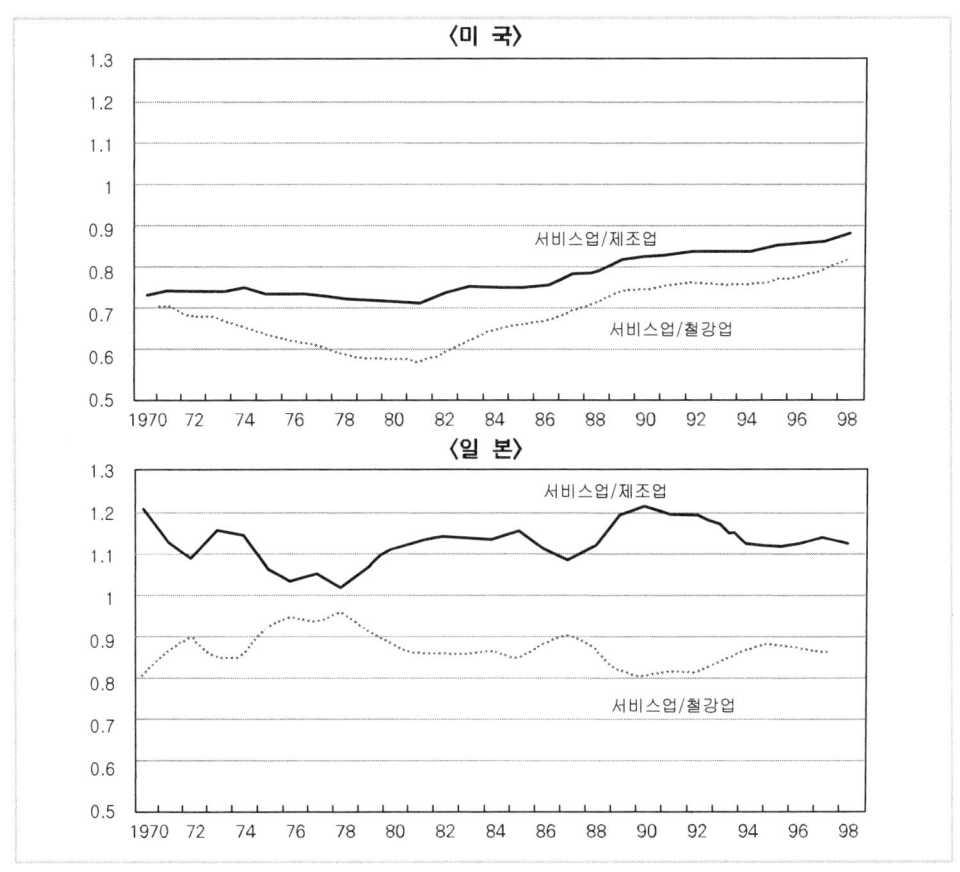

자료: Bureau of Labor Statistics "Empoyment and Earnings" - 노동성 「매월노동동계조사」 -

또한, 규제와 관련되어 임금의 차이가 설명되는 경우도 있었다. 예를 들어 주유소에서 서비스를 하는 종업원의 임금이 비싸면 휘발유 가격도 비싸게 된다. 셀프서비스 주유소를 세우면 인건비를 줄이는 효과를 얻을 수 있다. 그러나 일본의 소방법 규제로 인하여 셀프서비스 주유소를 세울 수 없다면 인건비를 낮추어 휘발유의 가격을 낮추는 방식이 허용되지 않게 된다. 이와 같이 규제로 인하여 내수 부문 서비스 가격이 높게 유지될 수 있다면 내외 가격차는 지속될 수밖에 없었을 것이다.

□ 유통업의 비효율성

내수부문의 가격이 높은 것에 대해 내수부문의 비효율성이 역할을 하였을 것으로 보고 있다. 특히, 식품, 의류, 신발, 가구, 집기 등에서 공통 요인으로 들 수 있는 것은 유통업의 비효율성을 들 수 있다. 일본의 유통 체인점의 경우 그 점포 수가 미국에 비하여 현저히 적은 것을 알 수 있다.[8] 이는 대량 판매에 따른 이득을 얻기 힘든 구조라고 볼 수 있다. 이러한 유통구조의 비효율성 역시 규제에 의해서 나타난 것으로 볼 수 있다. 1973년 「대규모점포조정법」이 성립되어 대형슈퍼 및 체인점에 의한 유통혁명이 좌절되었다. 이로 인해 1970년대 이후 1990년대 초반까지 유통, 농업, 건설 등 생산성이 낮은 부문의 비중이 높아져 경제 전체의 생산성을 떨어뜨리는 결과를 가져왔다.

□ 정부 총수요관리정책의 실패

일본정부는 1991년 이후 경기가 침체되자 국내수요를 증대시키기 위하여 9차례에 걸친 경기부양책을 사용하며 110.2조엔 규모의 공공투자를 불러일으켰다. 이는 어느 정도 수요 감소폭을 줄이는데 역할을 하였으나 만족스럽지는 못하고 일시적인 효과만을 가져온 것으로 평가된다. 특히, 건설업 등에서는 구조조정이 지연되기도 하였다. 일본 정부가 장기적인 안목에서 정부정책을 가져온 것이 아니라 단기적으로 대중적인 정책을 시행함으로써 경기 변동 국면을 악화시키는 경제적 불안을 가중시켰다고 볼 수 있다.

총수요관리정책의 실패는 엔고의 영향을 간과했기 때문일 수 있다. 버블기간과 버블붕괴 후 몇 차례 엔고 현상이 발생하였고, 이러한 엔고의 영향으로 일본 기업의 해외탈출이 크게 증가하였다. 특히, 1990년대 전반기의 엔고부터는 해외투자가 크게 확대되면서, 저금리에 따른 기업의 수익성 개선이 수출 증가나 국내투자로 나타나지 못하고 오히려 수요부족 현상이 지속되었다. 이러한 기업의 해외 탈출 현상은 내수기반을 약화시키고 정부의 저금리정책이나 재정지출 증대 등의 경기부양정책의 효과를 약화시키는데 기여하였다.

---

8) 미국의 월마트는 점포 수가 3,000여개인데 반하여 일본의 다이에는 400여개에 지나지 않는다고 한다(강응선, 2001).

2. 1990년대의 저성장과 저생산성

일본의 1990년대 저성장에 대한 설명으로 수요측면과 공급측면의 다양한 논의들이 이어져 왔다. 그 중에는 유동성함정으로부터 일본 경제를 탈출시키기에 턱없이 부족한 재정과 통화정책을 원인으로 지적하는 연구도 있으며, 1980년대의 버블시기 동안의 과도한 투자와 버블폭발에 뒤이은 금융기관의 문제에 따른 투자 위축을 원인으로 지목하는 연구도 있으며, 생산성둔화와 인구학적 영향에 의해 결정된 잠재적 산출의 성장 위축을 원인으로 지목하는 연구들도 있었다. 본고에서는 이들 중 1990년대의 저성장의 원인으로 생산성 둔화를 지목하는 연구들을 중심으로 설명하고자 한다.

아래의 <표 2>에 따르면, 일본은 1960년대 10% 이상의 성장을 기록하였으나, 점차 성장률이 둔화되면서 1970년대 전반에는 5.9%, 1975~1990년 기간 동안에는 4.1%로 둔화되었고, 1990년대에는 급격히 낮아져 1.3%의 성장률을 나타내는 저성장이 나타났다. 노동생산성 역시 1960년대에는 8.4% 성장하였으나 1990년대에는 0.6% 성장에 그쳐 생산성 둔화가 눈에 띌 정도로 급격히 진행되었다.

<표 2> Overview, by growth periods, 1960~1999(annual growth, in percentage)

Growth period	Rapid[1] 1960~1969	Transition 1970~1974	Slow 1975~1990	Utra-slow[2] 1991~1997	1991~1999
Actual GDP	10.5	5.9	4.1	1.8	1.3
Potential GDP	>10	8	4	3	3
Popurlaion 15 or older	1.9	1.1	1.2	–	0.8
Labor force	1.9	0.9	0.9	0.8	0.7
Labor productivity	8.4	–	3.2	1.0	0.6
Manufacturing					
Real GDP	14.8	8.1	4.4	1.3	0.4
Employment	4.3	0	0.4	-1.3	-1.7
Labor productivity	10.1	–	4.0	2.6	2.1

주: 1) Most discussion take the first oil shock(1973~1974) as the end of the rapid growth period. Here, data are given separately for the 1960s to show the economy's dynamism during that decade.
2) The 1991~1999 rates are lower than those for 1991~1997 because economy in 1998.
자료: ARNA; Labor Force Suryey; Sato(2001).

아래의 <표 3>은 일본 경제의 경제성장과 그 요인분해를 제시하고 있는데, 1990년대 실질 GDP 성장률이 1% 초반에 이르는 저성장을 보여주고 있으며, 이러한 저성장의 근원에는 거의 정체된 총요소생산증가율이 역할을 하고 있는 것을 볼 수 있다. 미국과 일본의 경제성장 원천을 나타내는 <표 4>에서도 총요소생산성 증가율이 1990년대 전반에는 음(-)의 값을 나타내는 등 1990년대 전반적으로 생산성 저하가 일본 경제의 저성장을 가져왔음을 미국에 대비하여 나타내고 있다.

<표 3> GDP growth and its decomposition for the Japanese economy

(단위: %)

	1970~75	1975~80	1980~85	1985~90	1990~95	1995~2000	2000~2002
Real GDP Growth	5.47	5.69	3.92	4.91	1.45	1.27	-0.22
Contribution of Labor Service Input Growth	0.24	1.35	0.81	0.68	-0.01	-0.06	-0.98
Contribution of Man-hour Growth	-0.42	0.87	0.31	0.38	-0.41	0.42	-1.03
Contribution of Labor Quality Growth	0.66	0.48	0.51	0.30	0.40	0.36	0.04
Contribution of Capital Service Input Growth	3.59	1.98	2.12	2.46	1.41	0.92	0.37
Contribution of Captial Quantity Growth	2.94	2.06	1.72	1.87	1.35	0.79	0.31
Contribution of Capital Quality Growth	0.65	-0.08	0.40	0.59	0.05	0.13	0.06
TFP Growth of the Whole Economy	1.64	2.37	0.98	1.77	0.04	0.41	0.39
TFP Growth of the Manufacturing Sector	1.25	1.13	1.25	1.01	0.27	0.68	-0.03
TFP Growth of the Non-manufacturing Sector	0.09	0.74	-0.11	0.80	-0.17	-0.02	0.30

주: Value-added growth rates are calculated by Laspeyres-type index; the figures above therefore do not match those of the gowernment SNA statistics. TFP growth rates of the manufacturing non-manufacturing sector are gross output base. TFP growth rates of the whole economy is value added base. Because of this difference, TFP growth rates of the whole economy are usually higher than weighted average of the TFP growth rates of the two sectors.
자료: Fukao & Saito(2006)

<표 4> Sources of economic growth in the US and Japan

	1960~73	1973~90	1990~95	95~2000	2000~04	1960~2004
United States						
Value Added	3.90	2.83	2.35	4.12	2.56	3.21
Capital Input	1.81	1.59	1.19	2.14	1.46	1.66
IT Capital	0.21	0.41	0.49	0.97	0.63	1.44
Non-IT Capital	1.60	1.18	0.70	1.16	0.83	1.22
Labor Input	1.29	1.08	0.81	1.29	-0.17	1.02
Total Factor Productivity	0.81	0.17	0.35	0.69	1.27	0.54
Agriculture	0.00	0.13	0.03	0.07	0.10	0.07
IT-manufacturing	0.09	0.20	0.27	0.48	0.04	0.19
Motor Vehicle	0.02	0.00	-0.01	0.02	0.06	0.01
Other Manufacturing	0.52	-0.02	0.11	0.21	0.04	0.19
Communications	0.01	0.06	-0.01	-0.04	0.07	0.03
Trade	0.17	0.15	0.07	0.15	0.51	0.18
Finance & Insurance	-0.05	0.01	0.04	0.11	0.30	0.03
Other Services	0.04	-0.37	-0.14	-0.30	0.15	-0.17
Japan						
Value Added	10.00	4.50	1.31	1.31	1.14	5.10
Captial Input	4.95	2.19	1.93	1.02	0.72	2.71
IT Capital	0.22	0.26	0.27	0.32	0.37	0.27
Non-IT Capital	4.72	1.93	1.66	0.70	0.35	2.44
Labor Input	1.75	1.12	-0.16	-0.19	-0.15	0.90
Total Factor Productivity	3.30	1.18	-0.46	0.48	0.57	1.48
Agriculture	0.20	0.00	0.06	-0.01	-0.04	0.06
IT-manufacturing	0.17	0.21	0.09	0.42	0.35	0.22
Motor Vehicle	0.28	0.13	0.00	0.02	0.11	0.14
Other Manufacturing	1.78	0.41	-0.33	0.17	0.08	0.68
Communications	0.07	0.05	0.07	0.12	0.08	0.07
Trade	0.94	0.28	0.01	-0.13	-0.03	0.37
Finance & Insurance	0.23	0.10	-0.22	0.15	0.04	0.10
Other Services	-0.36	0.01	-0.14	-0.26	-0.03	-0.15

주: All figures are average annual growth. Value added is aggregated from industry GDPs evaluated at the factor cost.
자료: Jorgenson & Nomura(2007)

〈표 5〉 Average annual labor productivity growth and contributions(% per year), in France, Japan, the United Kingdom and the United States

A-France

	1980~2006	1980~1990	1990~1995	1995~2000	2000~2006
GDP	2.1	2.4	1.2	2.8	1.7
Productivity per employee [a]	1.5	2.1	1.2	1.2	1.1
productivity per hour [b]	2.2	2.9	1.8	1.9	1.6
Capital intensity per hour [c]	0.9	1.2	1.0	0.5	0.7
Non-ICT capital intensity per hour	0.6	0.9	0.8	0.2	0.4
ICT capital intensity per hour	0.3	0.3	0.2	0.3	0.3
TFP [d]	1.3	1.7	0.8	1.4	0.9

B-Japan

	1980~2006	1980~1990	1990~1995	1995~2000	2000~2006
GDP	2.3	3.9	1.5	1.0	1.5
Productivity per employee [a]	1.8	2.7	0.9	1.0	1.6
productivity per hour [b]	2.4	3.1	2.4	1.7	2.0
Capital intensity per hour [c]	1.4	1.6	1.9	1.5	0.8
Non-ICT capital intensity per hour	1.0	0.3	1.5	0.9	0.5
ICT capital intensity per hour	0.4	0.3	0.4	0.6	0.3
TFP [d]	1.0	1.5	0.5	0.2	1.2

C-United-Kingdom

	1980~2006	1980~1990	1990~1995	1995~2000	2000~2006
GDP	2.5	2.6	1.7	3.2	2.5
Productivity per employee [a]	2.0	1.9	2.5	1.9	1.6
productivity per hour [b]	2.2	2.0	2.8	2.3	2.0
Capital intensity per hour [c]	1.1	1.0	1.5	1.1	0.9
Non-ICT capital intensity per hour	0.6	0.6	1.1	0.4	0.5
ICT capital intensity per hour	0.5	0.4	0.4	0.7	0.4
TFP [d]	1.1	1.0	1.3	1.2	1.1

D-United States

	1980~2006	1980~1990	1990~1995	1995~2000	2000~2006
GDP	3.1	3.3	2.5	4.1	2.4
Productivity per employee [a]	1.6	1.4	1.2	2.0	1.9
productivity per hour [b]	1.6	1.4	1.0	2.0	2.2
Capital intensity per hour [c]	0.7	0.6	0.5	0.8	1.0
Non-ICT capital intensity per hour	0.3	0.3	0.2	0.1	0.6
ICT capital intensity per hour	0.4	0.3	0.3	0.7	0.4
TFP [d]	0.9	0.8	0.5	1.2	1.2

주: [d]=[b]-[c]
자료: Cette, Kocoglu and Mairesse(2009)

<표 5>는 프랑스, 일본, 영국, 미국 4개국의 소득성장률과 총요소생산성(TFP) 증가율을 비교하여 기간별로 나타내고 있다. 이에 따르면 다른 3개국과 비교하여도 일본은 1990

년대 낮은 성장과 낮은 총요소생산성 증가율이 관련되어 있음을 확인할 수 있다.

일본의 1990년대 저성장의 원인으로 생산성 둔화(productivity slowdown)를 제기하는 연구 중 가장 대표적인 연구는 Hayashi & Prescott(2002)의 연구라고 할 수 있다. 이들은 생산성 둔화와 더불어 근로기준법 개정에 따른 노동시간의 축소가 일본의 저성장을 유발한 요인임을 신고전학파 경제성장이론을 통해 밝히고 있다.

〈표 6〉 Accounting for Japanese growth per Person Aged 20~69

(단위: %)

Period	Growth rate	Factors			
		TFP factor	Capital intensity	Workweek length	Employment rate
1960~1973	7.2	6.5	2.3	-0.8	-0.7
1973~1983	2.2	0.8	2.1	-0.4	-0.3
1983~1991	3.6	3.7	0.2	-0.5	0.1
1991~2000	0.5	0.3	1.4	-0.9	-0.4

자료: Hayashi & Prescott(2002)

<표 6>에서 보는 바와 같이 Hayashi·Prescott(2002)에 따르면 1973~83 기간과 1991~2000년 기간 동안 총요소생산성 증가율은 1인당성장률에 거의 기여하지 못한 것으로 나타났다. 단지 1973~1983 기간 동안 총요소생산성이 낮았음에도 불구하고 성인 1인당 성장률은 2.2%를 나타냈다 1973~1983년 기간 동안의 성장률이 1991~2000년 기간 동안의 성장률 보다 높은 것은 자본 심화가 더 진행되었고 성인 노동 투입요소에서의 감소가 더 작기 때문이다.

Morana(2004)는 공통추세모형(common trends model)을 이용하여 1957~2001년 기간 동안의 일본의 장기 성장 과정을 분석하였다. 분석 결과, 일본 경제의 장기 진화과정은 생산성 충격과 노동공급 충격으로 해석할 수 있는 두 개의 지속적 충격과 관련이 있음을 밝혔으며, 생산성 충격은 장기와 단기 모두에서 상당한 산출의 변동을 설명하는 것으로 나타났다. 이러한 추정 결과가 Hayashi & Prescott(2002)의 시뮬레이션 결과와 일치함을 논의하였다.

Chakraborty(2009)의 연구는 경기변동 측면에서 1980~2000년 기간 동안의 경기변동의 요인을 분석하여 1980년대의 경기 확장은 효율성의 증가와 투자에서의 왜곡 감소에 의해서 주로 설명되는 반면, 1990년대의 경기위축은 효율성의 감소와 투자에서의 왜곡 증대가 주요인임을 분석하였다. 한편 노동은 1980년대와 1990년에 걸쳐 공히 왜곡이 증대하는 것으로 나타나고 있으며, 1990년대 경기 침체에 영향을 더 하는 역할을 하였을 것으로 분석하였다. 아래의 <표 7>은 1990~2000년 기간 동안의 효율성, 노동, 투자, 정부지출의 'wedges'를 두 기간으로 나누어 제시한 것이다. 여기서 효율성(efficiency) wedge는 생산성의 시간변화와 유사하며, 노동(labor) wedge는 노동소득에 대한 세금과 같은 행태를 보이며, 투자(investment) wedge는 투자지출에 대한 세금과 같은 행태를 의미하며, 정부소비(government consumption) wedge는 1인당 정부지출로 간주할 수 있다.[9]

⟨표 7⟩ Evolution of per capita output and realized wedges over time(1990~2000)

Wedges	Average percentage changes (in value of wedges over time(in %))	
	1980:1991	1991:2000
Output	1.1	-0.62
Efficiency	0.12	0.76
Labor	0.36	0.49
Investment	-2.65	1.28
Government consumption	0.63	1.07

주: 1) The unconditional mean and standard deviation(in parentheses)of labor and investment wedges, respectively, during 1980:2000: {0.562(0.02) and 0.428(0.04)}.
 2) The average percentage changes in per capita output (with respect to the long(with respect to the long term trend) and the wedges over the subperiods.
자료: Chakraborty(2009)

New Keynesian dynamic stochastic general equilibrium 모형을 이용하여 실증분석을 한 Kaihatsu & Kurozumi(2014)의 연구에서는 ⟨표 8⟩에서 보는 바와 같이 금융충격이 존재하는 모형에서도 부정적인 중립적 기술충격이 주로 1990년대의 저성장(the Great Stagnation)을 설명하는 요인이었으며, ⟨그림 8⟩에서와 같이 중립적 기술 변화율은 일본의 기업단기경제관측조사(Tankan)에서의 모든 기업의 재무 포지션과 강하게 연관되었음을 보였다.[10] 이러한 맥락에서 일본의 저성장은 기업의 재무구조 압박을 표현하는 중립적 기술 충격에 의해서 촉발되었으며, 이는 R&D 투자와 부적절한 자원 배분을 유발한 것으로 논의하고 있다.

---

[9] 모형에서의 wedges의 의미를 구체적으로 표현하면, efficiency wedge는 생산성의 변동(fluctuations)을 나타내며, labor wedge는 소비와 여가 간의 한계대체율(MRS)이 실질임금과 같아지는 1계조건의 왜곡을 의미하며, investment wedge는 통시적 대체(intertemporal substitution)를 왜곡하는 것을 의미하며, government expenditure wedge는 자원제약(resource constraint)에서 나타나는 것을 의미한다.
[10] 추정된 중립적 기술변화율과 기업의 재무 포지션의 상관관계는 0.85로 나타났다.

〈표 8〉 Variance decompositions

Shock		$\triangle \log Y_t$	$\triangle \log C_t$	$\triangle \log I_t$	$\triangle \log h_t$
Z^h	preference	5.4	26.0	9.5	8.2
Z^g	Exogenous demand	0.4	7.1	0.6	1.2
Z^w	Wage	6.1	1.5	8.5	16.9
Z^p	Intermediate-good price markup	11.2	2.0	17.0	26.4
Z^i	Investment-good price markup	0.2	0.2	1.1	0.4
Z^r	Monetary policy	4.5	1.2	6.4	8.6
	Neutral technology	66.2	48.6	23.2	25.8
Z^z	IS technology	2.3	10.4	21.3	7.2
Z^ψ	MEI	1.9	0.5	2.5	0.8
Z^μ	EF premium	1.6	1.8	8.5	4.0
Z^η	Net worth	0.2	0.9	1.4	0.4

주: This table shows variance decompositions of output growth($\triangle \log Y_t$), consumption growth($\triangle \log C_t$), investment growth($\triangle \log I_t$), labor($\triangle \log h_t$), corresponding to periodic components with frequency between 8 and 32 quarters, evaluated at the posterior mean estimates of parameters.
자료: Kaihatsu & Kurozumi(2014)

〈그림 8〉 The Estimated rate of Neutral Technological Change and the Diffusion Index of All Enterprises' financial Position in the Tankan

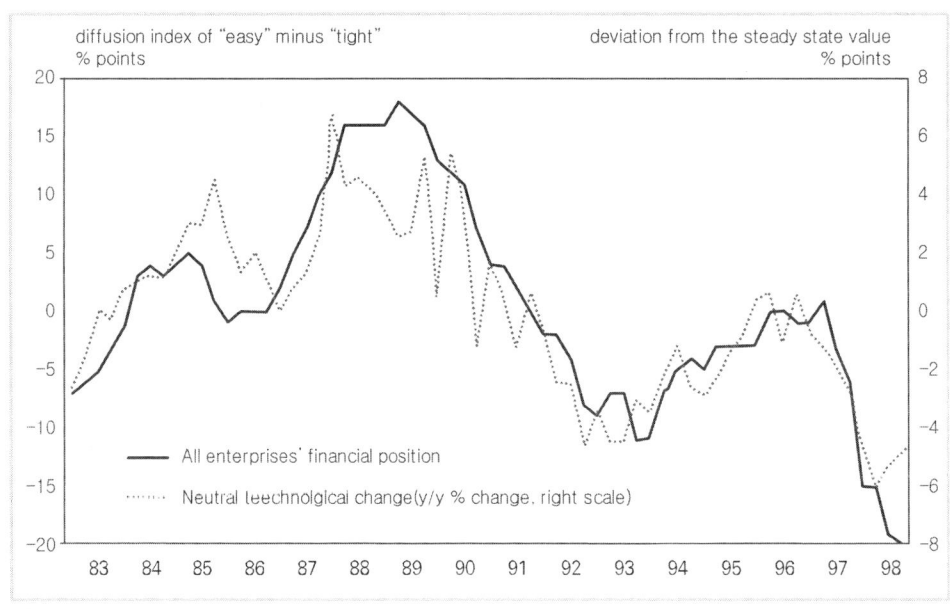

자료: Kaihatsu & Kurozumi(2014)

한편, Sato(2002)에 따르면 제조업에서의 총요소생산성 증가율은 1990년대에 크게 하락하지는 않은 것으로 추정하고 있다. 아래의 <표 9>에서 보는 바와 같이 제조업에서의 총요소생산성 증가율은 둔화되기는 하였지만 급격히 떨어진 것으로 볼 수는 없다. 반면에 비제조업부문에서 생산성 증가율이 크게 둔화되었음을 알 수 있으며, 비제조업에서의 총요소생산성 증가율은 거의 0에 가까운 것으로 나타났다. 1990년대 생산성 증가율의 둔화는 비제조업 부문의 생산성 정체에 기인한 것으로 이 연구는 설명하고 있다. 이는 버블붕괴 이후 건설이나 금융 등 비제조업 부문이 충격이 더 컸던 것을 시사하고 있다.

〈표 9〉 Total Factor Productivity Growth, 1979~1997(annual percentage of growth)

	1979~1985	1985~1991	1991~1997
Manufacturing	2.5	2.6	2.2
Nonmanufacturing	1.2	1.8	0.3

주: 1) Data are for business cycles measured from the year of a recession.
　　2) Total factor productivity growth from total output growth. It represents technological change. Capital input is represented by the official estimate of the gross fixed capital stock. As it considerably overstates capital growth, TFP growth is understated. But the direction of change remains the same.
자료: Sato(2002)

한편, Fukao et al.(2011)의 연구에 따르면, 1980~95년 기간과 1995~2007년 기간의 비교에서, 일본의 경우, 1995~2006년 기간 동안 생산성 저하가 일어난 산업은 전자·기계를 제외한 제조업이었으며, 생산성증가율이 양(+)에서 음(-)으로 전환되었음을 밝히고 있다. 생산성증가율에서 가장 큰 하락을 나타낸 산업은 유통업(소매, 도매, 수송)과 전자기계를 제외한 제조업이었다. 따라서 제조업을 다시 세분화하면 제조업의 생산성 둔화가 없었다고 보기는 어렵다.

<그림 9> TFP Growth in the Market Sector: by Sector and by Country: 1980~95 and 1995~2007*

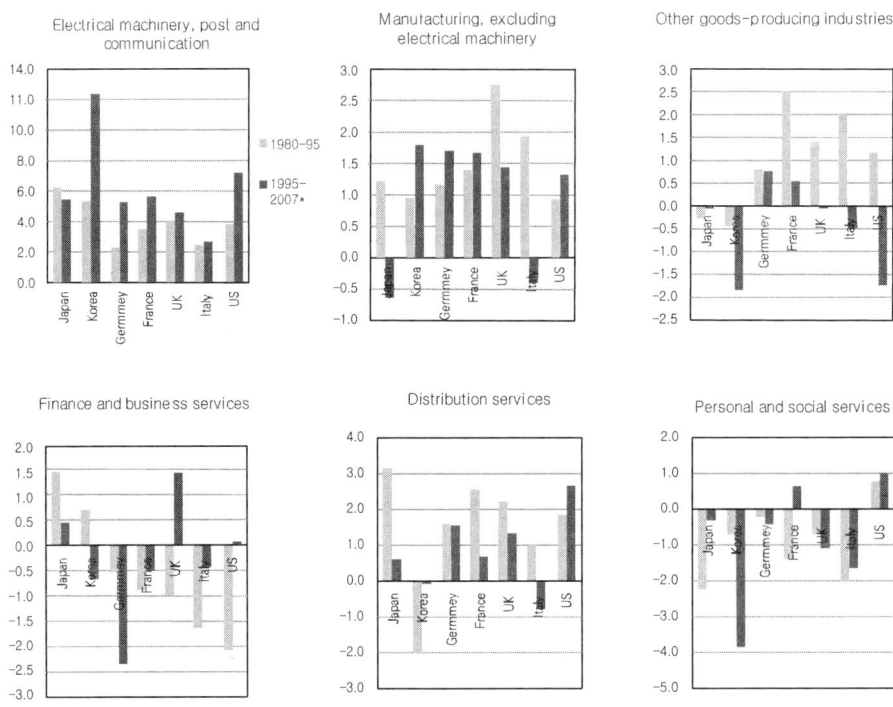

주: Growth accounting for Japan is for the period 1995~2006.
자료: Fukao et al.(2011)

1990년대 제조업과 비제조업의 생산성증가율 비교는 여러 가설을 검토하는 근거로서 제시되면서 다양한 분석이 이루어졌다. <표 4>에서 보는 바와 같이 산업별로 분석한 Jorgenson & Nomura(2007)의 연구에서는 1990년대 전반의 생산성 저하는 기타제조업, 금융/보험 및 기타 서비스 산업에서 나타나고 있는 반면, 1990년대 후반에서는 농업, 무역업 및 기타서비스 산업에서 나타나고 있어 제조업과 비제조업의 생산성 둔화를 명확히 구분하기는 어려우며, 산업 전반에 걸쳐 1990년대 생산성 둔화가 나타난 것으로 특정 산업이 아니라 일본 경제에서 전반적인 생산성 둔화 또는 저하가 있었다고 이해할 필요가 있다.

3. 저생산성 요인 분석

여기서는 일본의 장기적인 저성장 경험의 원인으로 생산성 정체를 상정하고 이에 영향을 미친 요인들을 정리하고 분석하고자 하였다. 1990년대 일본의 생산성증가의 둔화 현상에 대한 원인으로 지적되는 요인들은 다음과 같이 정리할 수 있다. 과도한 투자, 고용구조의 관성과 고령화 인구구조, 자원배분의 비효율성 및 제도적 요인 등이 생산성증가 둔화와 관련이 있는 것으로 볼 수 있다.

1) 자본: 과도 투자(over-investment)

□ 자본심화 현상

Hayashi(2006)와 Ando·Christelis·Miyagawa(2003)의 과도-투자 가설(Over-Investment Hypothesis)은 상당 기간 동안 일본 기업이 과도한 투자를 하였다는 것으로,[11] 이러한 과도투자는 주주에게는 불리한 것이었으며, 이와 같이 기업지배구조가 약화된 것은 두 가지 원인이 있었다고 주장하였다. 첫째, 기업의 이사 선임에서 기업이 다수결 원칙을 준수하도록 하는 일본 법체계의 특이한 속성이 원인의 하나이며, 둘째, 기업 간 광범위한 상호 소유구조가[12] 기업인수를 제한하는 문제점을 안고 있다는 것이 두 번째 원인이다. 결론적으로 과도-투자 가설은 1990년대에 단지 자본 스톡이 너무 크다는 것을 시사한다. 이러한 과도 투자에 기업 관리체계가 책임이 있다면, 일본의 경영관리자들이 지나치게 비생산적인 자본재를 구입하거나 생산성이 낮은 근로자를 고용했을 가능성이 있다는 것이다. Hayashi(2006)는 특히 기업의 규모를 키우는 것을 목적으로 하는 경영자를 가정하고 이에 따라 주주에게 배당을 적게 하는 행태를 가진 경제성장 모형을 설정하여 Tobin의 q가 1보다 작으며, 자본스톡-산출비율이 현저히 높고, 자본에 대한 수익률이 낮은 경제성장 경로를 보임으로써 일본의 과도투자 현상을 이론적으로 설명하였다. 아래의 <그림 10>은 1973~1998년 기간 동안 자본에 대한 수익률과 자본-산출비율의 추이를 나타내고 있다. 이에 따르면 자본에 대한 수익률이 지속적으로 낮아짐에도 불구하고 자본이 지속적으로 축적되는 자본심화현상이 지속되었음을 살펴볼 수 있다. 특히, 1991년 버블붕괴시 자본에 대한 수익률이 급격히 낮아졌음에도 자본-산출비율은 더욱 심화되었으며, 이러한 자본심화 현상의 지속으로 새로운 수익을 창출하는 투자를 지연시키는 현상이 나타났으며, 이는 생산성 둔화를 상당 기간 동안 지속시키는 작용을 하였다.

---

11) 버블기간 동안 과도한 투자가 있었으며 버블붕괴 이후에도 과도한 자본을 보유하고 있었음을 의미한다.
12) 교차주식보유와 같은 기업 소유구조의 관행은 일본기업이 다른 선진국 기업에 비해 공격적이고 성공적으로 경영할 수 있게 한 일본 고유의 경영 성공방식이었으나, 이러한 관행이 일본경제를 장기침체로 방치하게 한 주요한 요인 중의 하나였다.

⟨그림 10⟩ Capital Deepening and the Diminishing rate of Return to Capital in Japan

자료: Fukao & saito(2006)

□ 자본의 이용률

한편, Hayashi and Prescott(2002)의 연구에서 추정된 총요소생산성 증가율 측정에서 자본의 이용률(capital utilization)을 반영하지 않았다는 문제점이 제기되었다. 이에 따르면, 자본의 이용률을 반영하여 총요소생산성 증가율을 추정하는 경우 1990년대 일본의 생산성증가율은 Hayashi and Prescott(2002)의 그것보다 더 높게 추정되었으며, 자본의 이용률 감소가 생산성 저하의 많은 부분을 설명하는 것을 주장하였다.[13]

---

13) Kawamoto(2005)

〈그림 11〉 Capital-output ratio

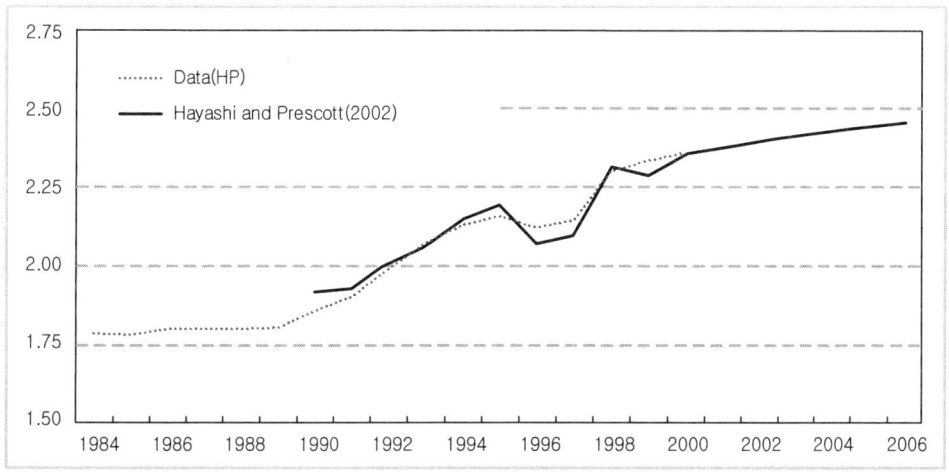

자료: Miyazawa(2012)

〈그림 12〉 TFP of Hayashi and Prescott(2002) (level, 1984=1.00)

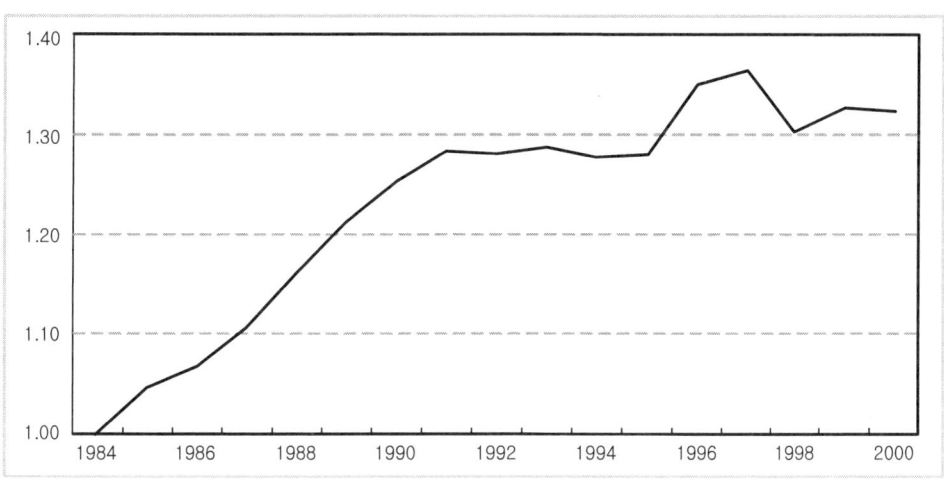

자료: Miyazawa(2012)

〈그림 13〉 Operating ratio(84-89 average=1.00)

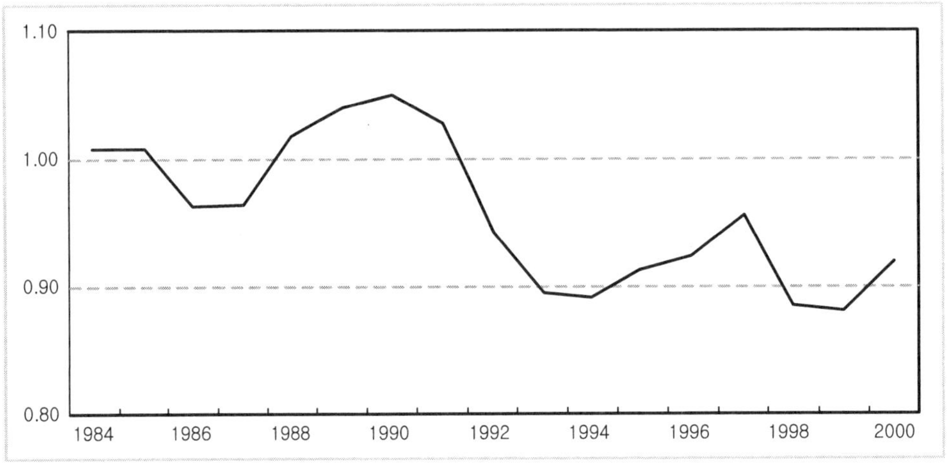

자료: Miyazawa(2012)

이에 대해서 Miyazawa(2012)의 연구는 자본이용률(capital utilization)과 감가상각률이 내생적으로 변화하는 신고전학파 성장모형을 구축하고 이를 통해 산정된 자본이용률과 자본스톡으로부터 자본이용률의 역할을 명확히 하여 성장회계를 분석함으로써 1990년대 생산성 둔화와 자본이용률 감소의 관계를 설명하였다. 이 연구의 총요소생산성 증가율은 Hayashi and Prescott(2002)에서의 총요소생산성 증가율보다 높긴 하지만, 총산출의 증가율은 Hayashi and Prescott(2002)와 실제 자료와 유사한 것으로 나타났다. 총요소생산성 증가율의 감소가 자본이용률 수준을 낮추었으며, 1990년대 산출 증가율을 낮추었음을 확인하였다. 또한, 자본-산출비율도 자료와 일치함을 보였다.

〈그림 14〉 Detrended real GNP per working-age person(Mode 1 = Miyazawa(2012))

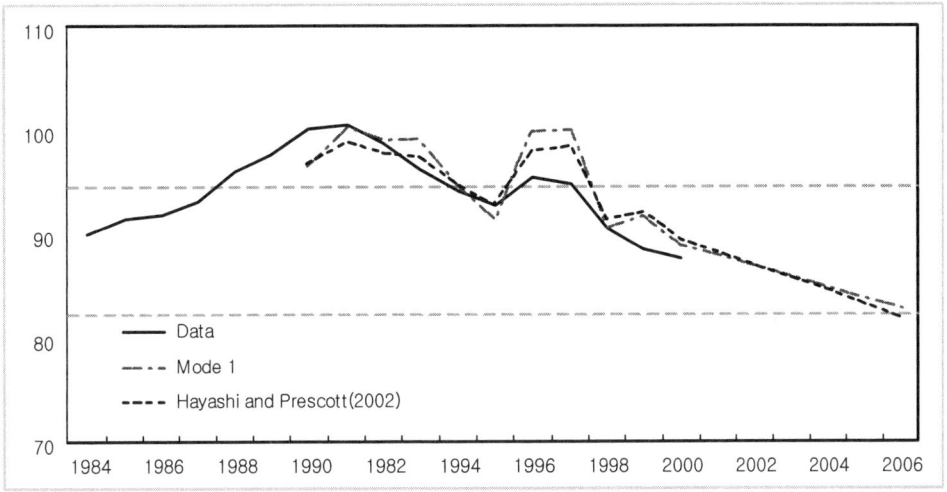

자료: Miyazawa(2012)

〈그림 15〉 Capital utilization(Mode 1 = Miyazawa(2012))

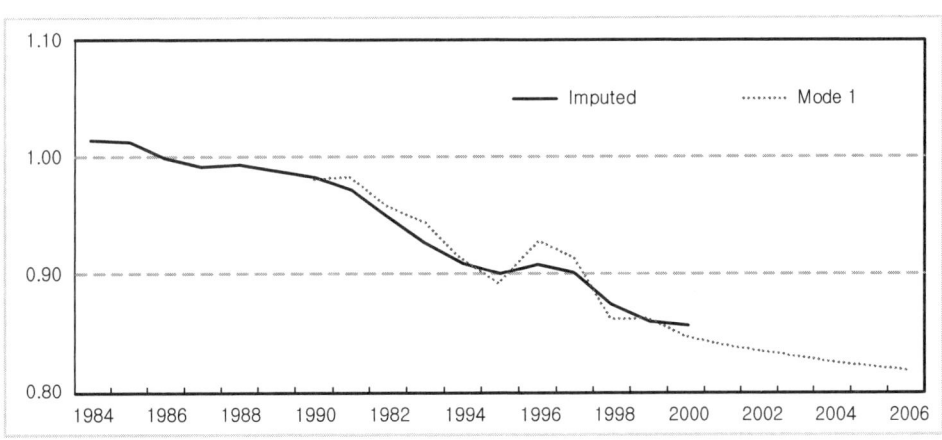

자료: Miyazawa(2012)

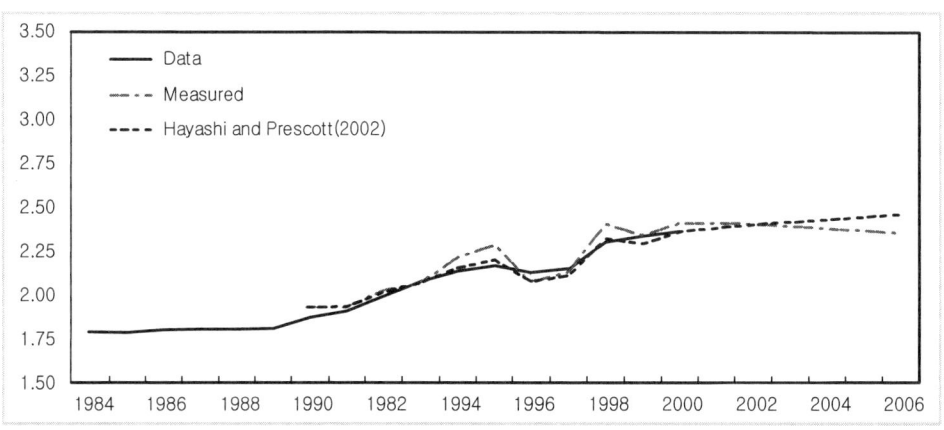

〈그림 16〉 Capital-output ratio(Measured = Miyazawa(2012))

자료: Miyazawa(2012)

1990년대 낮은 생산성은 과도한 자본스톡(자본심화)과 연결되어 있으며,14) 이는 일본 기업 경영자들이 기업규모 확대를 경영목표로 삼아서 발생한 현상으로 설명될 수 있다. 낮은 배당으로 인한 주주 경시와 기업규모 확대로 연결되는 기업지배구조의 문제가 낮은 생산성과 과도한 자본스톡으로 연결될 수 있음을 제시한다고 할 수 있다. 그렇다면 이러한 기업지배구조를 초래한 원인에 대해서 생각하는 것이 필요하다. 일본의 기업지배구조는 경영자의 경영목표를 효과적으로 이행하도록 설계되었으며, 이러한 기업지배구조가 과거의 일본 경제성장을 주도하는데 효과적이었다. 그러나 이는 다른 제약 조건이 존재하지 않거나 경영목표가 기업의 수익성 개선 방향과 일치하였을 때 효과적이었음을 의미한다. 버블이 붕괴되고 기업의 수익성이 악화되면서 기업은 새로운 구조로의 전환이 요구되는 시기에 이미 접어들었음에도 불구하고 과거 경험으로부터의 자신감과 경기회복에 대한 낙관으로 기존의 위기 경영방식을 답습하였다. 기존의 개량형 제품전략과 비용절감 대책을 통한 재무구조 개선에 주력하였다. 이러한 통상적인 경기 대응 전략을 사용한 것은 기존의 고용구조 제약이 기업의 의사결정에 미치는 영향을 무시할 수 없었기 때문이었다. 이러한 의미에서 기업의 고용구조와 1990년대 이후의 고용에서의 변화를 살펴보는 것은 중요한 의미를 지닌다. 과도한 자본을 계속 보유한 것은 기업의 고용구조와 매우 밀접한 관련이 있었을 것으로 보인다.

---

14) 생산인구당 GNP 성장률은 1980년대에 3.2%인 반면, 1990년대에는 0.7%로 추산되고 있으며, 자본-산출비율(capital-output ratio)은 1990년에 1.86인 반면, 2000년에는 2.36으로 추산되고 있다(Miyazawa(2012).

2) 노동: 고용구조와 인구구조

일본의 고용구조는 1990년대 초반 버블위기 이후 상당기간 과거 버블 이전의 관행이 이어지는 구조를 가지고 있었다. 이는 노동시장의 유연성 개선을 통한 위기의 조기 수습이 어려워지는 동시에 생산성충격이 생산성 둔화로 이어지는 원인으로 작동하였다.

□ 고용구조

1960~70년대 일본의 경제성장 성과를 주도한 제도 중의 하나는 노동시장과 관련한 제도였다. 종신고용제, 연공서열제, 기업별 노동조합제 등의 고용·노동구조는 산업 갈등을 줄이고 기업의 혁신 활동을 수용할 수 있는 제도로서 작용하였다. 이러한 노동구조는 다른 경제 구조, 예를 들면 Keiretsu(系列)와 정부 정책 등과 결합하여 경제성장의 성과를 이루어냈다고 볼 수 있다. 이러한 제도들은 일본의 계획주도형 시장경제 체제의 맥락에서 이해할 수 있는 형태라고 할 수 있다. 이 계획주도형 시장경제 시스템은 일본경제 발전을 도모하고 조정하고, 민간기업에 경쟁 조건을 제공하고, 민간기업이 나아가야할 방향을 제시하는데 있어서 정부가 어떠한 역할을 하였는지를 이해하는데 도움이 된다고 할 수 있다. 결국 정부의 선도와 더불어 이러한 제도적 기능이 작동하여 일본경제는 새로운 기술혁신을 수용할 수 있었고 축적을 통한 고도성장이 가능하였다.

한편, 1960~70년대에 노동시장에서의 구조적인 변화가 나타나기 시작하였다. 1970년 노동백서가 제시하는 것처럼 노동 부족과 임금상승 추세가 우려되기 시작하였다. 1960년대 말부터 명목임금은 빠르게 상승하기 시작하였고 중소기업에 비하여 대기업의 명목임금 상승속도가 더 빠르게 나타났다. 실질임금 역시 1960년대 말부터 빠르게 상승하기 시작하였다. 아래의 <그림 17>은 일본의 남성과 여성의 명목임금 추이를 제시하고 있다. 이에 따르면 1960년 중반 이후로 남녀 모두에서 명목임금이 빠르게 상승하는 모습을 볼 수 있다. 이러한 명목임금의 상승세는 1990년대 들어 정체되는 모습을 나타내고 있다. <그림 18>은 기업규모별 임금의 추이를 나타내고 있다. 이에 따르면 기업규모가 큰 대기업의 경우에는 1970년대 중반에 시작한 명목임금의 상승속도가 2000년까지 지속되는 것을 살펴볼 수 있으며, 중소기업의 경우에도 1990년대 초반까지 임금의 상승세가 이어지는 것을 볼 수 있다. <그림 19>에서는 일본의 실질임금 추이를 살펴볼 수 있다. 이에 따르면 1970년대 초반의 실질임금 상승세는 1990년대 중반까지 이어지는 것을 볼 수 있으며, 1970년대 물가상승은 명목임금의 상승이 선도하였음을 살펴볼 수 있다. 1970~80년대에 걸쳐 임금상승이 지속적으로 진행되었음을 의미한다. 이는 기업으로 하여금 인건비에 의한 비용부담이 점차 심화되었음을 짐작할 수 있다. 최소한 1990년 이전의 이러한 임금의 상승은 지속적인 성장을 위하여 경제로 하여금 두 가지 방향의 기술적 대응을 요구하였을 것으로 추론할 수 있다. 노동절약적인 기술진보와 자본집약적인 기술진보의 방향이 그것이었다.

<그림 17> 남성과 여성의 명목임금 추이

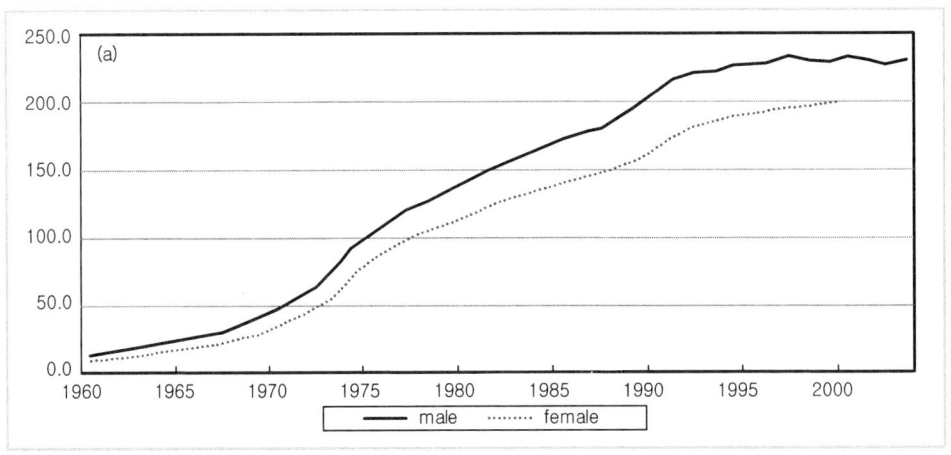

자료: Nakatani & Skott(2007)

<그림 18> 기업규모별 명목임금 추이

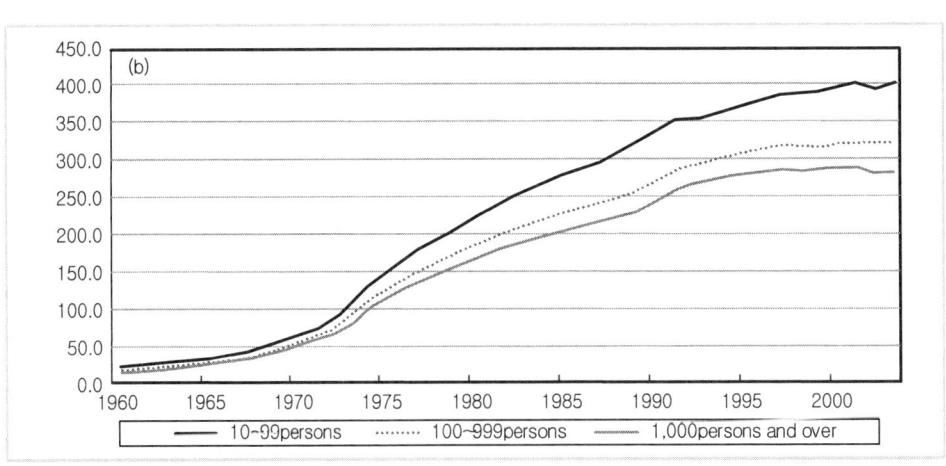

자료: Nakatani & Skott(2007)

<그림 19> 실질임금 추이

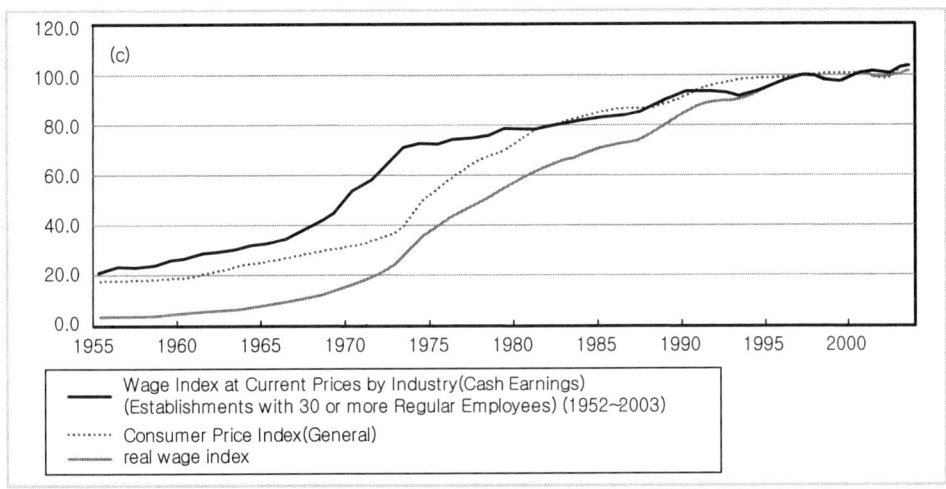

자료: Nakatani & Skott(2007)

<그림 20> 실업률 추이

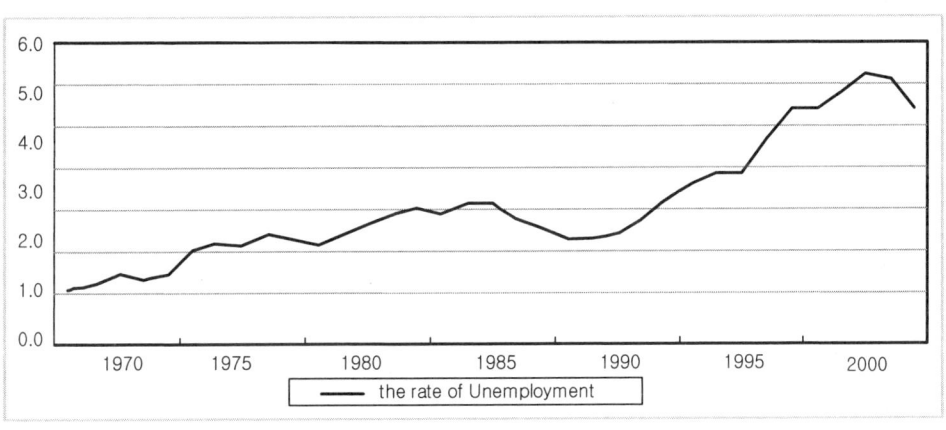

자료: Nakatani & Skott(2007)

그러나 일본 경제의 고용구조는 최소한 1990년대 중반까지는 구조적 변화를 수용하지 못하였다. 기술진보는 노동절약적인 방향의 추세를 가지고 있었지만 고용구조는 과거의 고용구조와 기업관행이 지속되었다. 이는 장기적으로 기술진보에 대한 부적절한 대응을 가져왔고 1990년대 생산성 저하와 저성장 및 고용구조의 변이를 초래하였다.

Yamaguchi(1999)는 1990년대 일본 경제의 침체는 변화에 적응하지 못하는 일본 기업의 능력 저하와 세계화 간의 상호작용으로부터 비롯되었을 것으로 진단하면서 기업이 변화에 적응하는데 오랜 시간이 걸린 요인으로 크게 세 가지 요인을 들고 있으며, 이들 중 세 번째 요인으로 일본의 기업문화, 특히 기업지배구조와 고용과 관련한 기업 문화와 관행에 대해서 지적하고 있다. 고용체계와 관련해서 소위 종신고용에 기초한 일본의 고용구조는 일본의 성장기에 기업에게는 기업 고유의 인적 자본 축적을 원활하게 하는 역할을 하였다. 이는 일본 기업의 경쟁력 자원으로서 역할을 했지만, 구조조정이 필요한 시기에 경제가 주요한 구조 조정을 극복하는데 필수적이었을 사양산업에서 상승산업으로 또는 비효율적 기업에서 효율적 기업으로 노동이 이동하는 것을 저해하는 요인이 되었다고 볼 수 있다. 이러한 종신고용제의 관행은 버블 붕괴 이후에도 상당기간 지속되었다는 것이 대부분의 연구에서 논의하는 바이다. 대표적인 연구로는 Kato(2001)의 연구를 들 수 있다.

〈 고용구조: 종신고용제의 지속 〉

Kato(2001)의 연구는 1980년대 말에서 포스트-버블시기까지의 근속률(retention rate)을 조사하여 근속률이 하락한 증거를 찾지 못함으로써 일본 고용구조의 특징인 종신고용 시스템이 1990년대 저성장 시기를 지나면서도 완전히 종식되지 않았음을 논의하고 있다. 특히, 일본의 대기업들은 그들의 고용을 하청기업이나 연관기업으로 이전하는 방식으로 고용을 감축하여 해고를 회피하는 방식으로 구조조정과 다운사이징을 완수하려 한 것으로 해석하고 있다.[15]

다음의 <표 10>은 1977, 1987, 1997년의 Employment Status Survey로부터 도출한 근속률을 분석한 결과표이다. 1977~87의 10년 근속률을 살펴보면 1987년 15년 이상 경력의 40~44세의 경우 약 80%, 45~49세의 경우 약 83%, 50~54세의 경우 약 80%가 근속하고 있었다. 1987~97의 10년 근속률을 보면, 15년 이상 경력의 40~44세의 경우 약 77%, 45~49세의 경우 약 81%, 50~54세의 경우 약 79%를 나타내고 있다. 이를 통해 1987~97년과 1987~97년 기간 동안 경력이 많은 핵심생산 연령층 근로자의 근속은 거의 달라지지 않았다고 볼 수 있다.

---

15) 앞서 논의한 바와 같이 이러한 시도는 일본 기업의 불황에 대한 과거의 대응 방식과 불황이 일시적일 것이라는 기업의 경기 인식에서 나타났을 것으로 볼 수 있다.

〈표 10〉 Ten-Year Retention Rates for 1977~87 and 1987~97 in Japan: All Employees

1997			1987			1977~87	1987			1997			1987~97
Age	Tenure (years)	Percent of population	Age	Tenure (years)	Percent of population	10-year retention rate(%)	Age	Tenure (years)	Percent of population	Age	Tenure (years)	Percent of population	10-year retention rate(%)
15~19	0~4	18.55	25~29	10~14	6.10	32.89	15~19	0~4	15.98	25~29	10~14	4.99	31.19
20~24	0~4	49.39	30~34	10~14	20.38	41.27	20~24	0~4	57.63	10~14	10~14	21.19	36.76
	5+	13.41		15+	6.23	46.42		5+	10.52		15+	4.25	40.45
25~29	0~4	24.22	35~39	10~14	13.31	54.95	25~29	0~4	31.75	35~39	10~14	16.01	50.43
	5+	33.64		15+	22.87	67.99		5+	36.13		15+	21.86	60.49
30~34	0~4	14.30	40~44	10~14	8.04	56.24	30~34	0~4	17.37	40~44	10~14	8.19	47.13
	5+	39.12		15+	31.28	79.96		5+	44.02		15+	34.08	77.42
35~39	0~4	13.38	45~49	10~14	7.75	57.90	35~39	0~4	16.94	45~49	10~14	7.75	45.73
	5+	39.84		15+	33.24	83.43		5+	45.67		15+	37.20	81.45
40~44	0~4	11.93	50~54	10~14	7.20	60.36	40~44	0~4	15.69	50~54	10~14	7.57	48.23
	5+	41.12		15+	32.81	79.79		5+	48.72		15+	38.65	79.34

자료: Kato(2001)

이를 요약하면, 종신고용이라는 개념이 최소한 1997년까지도 실제로 지속적으로 사용되었다는 근거가 있으며, 특히 핵심생산연령층 남성 종업원에서 현저히 나타나고 있다는 것이다. 이에 따라 1990년대 저성장 기간 동안의 다운사이징 부담은 청년층 근로자나 경력이 짧은 중간연령층 근로자, 특히 경력이 짧은 중간연령층 여성 근로자에게 집중되는 효과를 초래하였다고 볼 수 있다. 이는 아래의 <표 11>과 <표 12>에서 살펴볼 수 있다. <표 11>은 남성근로자의 근속률을 조사한 내용이다. 이에 따르면 1977~87년 기간의 경력직(15년 이상) 근로자의 경우 근속률은 40~44세 연령층은 약 82%, 45~49세 연령층은 약 86%, 50~54세 연령층은 약 84%이었으며, 1987~97년 기간의 15년 이상 경력 근로자의 경우 근속률은 40~44세 연령층은 약 80%, 45~49세 연령층은 약 84%, 50~54세 연령층은 약 85%로 두 기간 동안 거의 차이가 없음을 확인할 수 있다. 그러나 경력이 짧은 근로자의 경우에는 두 기간의 차이가 크다. 1977~87년 기간의 10~14년 경력 근로자의 경우 근속률은 40~44세 연령층은 약 62%, 45~49세 연령층은 약 59%, 50~54세 연령층은 약 67%이었으나, 1987~97년 기간의 10~14년 경력 근로자의 경우 근속률은 40~44세 연령층은 약 56%, 45~49세 연령층은 약 54%, 50~54세 연령층은 약 60%로 두 기간 동안 유의미하게 줄어들었음을 확인할 수 있다.

⟨표 11⟩ Ten-Year Retention Rates for 1977~87 and 1987~97 in Japan: Male Employees

1997			1987			1977~87	1987			1997			1987~97
Age	Tenure (years)	Percent of population	Age	Tenure (years)	Percent of population	10-year retention rate(%)	Age	Tenure (years)	Percent of population	Age	Tenure (years)	Percent of population	10-year retention rate(%)
15~19	0~4	17.07	25~29	10~14	9.26	54.21	15~19	0~4	15.76	25~29	10~14	7.16	45.45
20~24	0~4	48.15	30~34	10~14	30.86	64.10	20~24	0~4	56.20		10~14	31.13	55.40
	5+	16.82		15+	10.58	62.93		5+	11.75		15+	6.76	57.56
25~29	0~4	31.42	35~39	10~14	20.55	65.41	25~29	0~4	38.91	35~39	10~14	24.99	64.22
	5+	52.03		15+	38.31	73.62		5+	48.85		15+	34.16	69.93
30~34	0~4	16.04	40~44	10~14	9.99	62.30	30~34	0~4	17.71	40~44	10~14	9.96	56.23
	5+	65.00		15+	53.06	81.62		5+	68.12		15+	54.22	79.59
35~39	0~4	11.86	45~49	10~14	6.95	58.56	35~39	0~4	12.43	45~49	10~14	6.74	54.26
	5+	64.46		15+	55.57	86.20		5+	69.67		15+	58.56	84.05
40~44	0~4	9.33	50~54	10~14	6.24	66.87	40~44	0~4	9.66	50~54	10~14	5.85	60.60
	5+	61.96		15+	52.34	84.47		5+	70.47		15+	59.62	84.61

자료: Kato(2001)

⟨표 12⟩ Ten-Year Retention Rates for 1977~87 and 1987~97 in Japan: Female Employees

1997			1987			197~87	1987			1997			1987~97
Age	Tenure (years)	Percent of population	Age	Tenure (years)	Percent of population	10-year retention rate(%)	Age	Tenure (years)	Percent of population	Age	Tenure (years)	Percent of population	10-year retention rate(%)
15~19	0~4	20.08	25~29	10~14	2.90	14.44	15~19	0~4	16.22	25~29	10~14	2.76	17.00
20~24	0~4	50.64	30~34	10~14	9.77	19.29	20~24	0~4	59.10		10~14	11.02	18.65
	5+	10.00		15+	1.81	18.12		5+	9.25		15+	1.69	18.27
25~29	0~4	17.01	35~39	10~14	6.01	35.35	25~29	0~4	24.49	35~39	10~14	6.88	28.10
	5+	15.22		15+	7.32	48.11		5+	23.22		15+	9.34	40.21
30~34	0~4	12.56	40~44	10~14	6.10	48.57	30~34	0~4	17.01	40~44	10~14	6.39	37.56
	5+	13.19		15+	9.55	72.41		5+	19.61		15+	13.74	70.05
35~39	0~4	14.90	45~49	10~14	8.54	57.31	35~39	0~4	21.49	45~49	10~14	8.75	40.74
	5+	15.28		15+	11.21	73.37		5+	21.49		15+	15.78	73.43
40~44	0~4	14.54	50~54	10~14	8.14	56.01	40~44	0~4	21.71	50~54	10~14	9.26	42.65
	5+	20.24		15+	13.71	67.74		5+	27.01		15+	17.96	66.47

자료: Kato(2001)

<표 12>는 여성 근로자의 근속률을 조사하여 분석한 표이다. 1977~87년 기간에서 근속률을 살펴보면 경력 10~14년의 35~39세 연령층은 약 35%, 40~44세 연령층은 약 49%, 45~49세 연령층은 약 57%, 50~54세 연령층은 약 56%이었으나, 1987~97년 기간에서는 경력 10~14년의 35~39세 연령층은 약 28%, 40~44세 연령층은 약 38%, 45~49세 연령층은 약 41%, 50~54세 연령층은 약 43%로 많이 낮아졌음을 확인할 수 있다. 남성근로

자에 비하여 줄어든 폭이 크다는 것도 확인할 수 있다.

경력이 많은 근로자와 경력이 짧은 근로자의 경우에 근속의 차이가 나타나는 것은 아래의 <표 13>에서도 찾아볼 수 있다. 15년 기간 동안의 근속률을 나타내고 있는데, 1982~97년 기간 동안의 15년 근속률은 경력이 많을수록 높은 현상을 살펴볼 수 있다.

〈표 13〉 Fifteen-Year Retention Rates for 1982~97 in Japan: Male Employees

	1982			1997		1982~97	1962~77
Age	Tenure (years)	Percent of population	Age	Tenure (years)	Percent of population	15-year retention rate(%)	15-year retention rate(%)
15~19	0~4	16.85	30~34	15~19	6.74	39.99	36.40
20~24	0~4	53.70	35~39	15~19	27.43	51.08	45.10
	5+	12.20		20+	6.74	55.22	65.30
25~34	0~4	24.84	40~49	15~19	12.98	52.24	42.70
	5+	59.35		20+	43.70	73.64	73.00
35~39	0~4	10.74	50~54	15~19	5.01	46.65	37.70
	5+	69.62		20+	54.61	78.44	75.90

자료: Kato(2001)

또한, Kato(2001)의 현장조사 연구에 따르면, 1990년대 고용구조에서의 특징을 다음과 같이 요약하고 있다. 첫째, 대기업들은 구조개혁이나 다운사이징의 수단으로 해고를 회피하는 경향이 있었다. 1990년대 기업이 수행한 노동력의 다운사이징 규모가 상당하지만 조사대상 기업 중 어떤 기업도 해고를 구조개혁이나 다운사이징의 수단으로 사용하지는 않았다. 둘째, 자회사나 연계 기업에 전출(transfer)을 광범위하게 사용하였다. 종업원을 해고하는 대신에 상당수의 고참 직원을 자회사나 연계회사에 고정 기간 기준으로 전출 이전하였다. 이러한 고정 기간 전출직원의 다수는 결과적으로 영구 전출로 되었다. 영구 전출은 대부분 50대 특히 55세 이상의 직원들을 대상으로 하였다. 이들은 이러한 전출을 자회사와 연계회사에서 일자리를 보증하는 조기퇴직으로 인식하였다. 셋째, 급격한 고용 감축을 들 수 있다. 기업들은 신규 졸업생들의 고용을 감축하였다. 이는 두 가지 결과를 초래하였는데, 첫째 청년 실업의 문제를 초래하였고, 둘째 기업의 노동력의 노화현상을 초래함으로써 조직의 활력을 위축시키는 효과를 가져왔다. 넷째, 유의미한 조기 퇴직 인센티브 플랜이 활용되었다. 기업들은 퇴직 연령에 가까운 직원들을 조기에 퇴직하도록 유도하는 유인을 사용하였다. 이러한 인센티브 금액은 상당한 금액이었으며, 이에 따라 상당 수 종업원의 조기퇴직을 유도하였다.

일본의 종신고용제에 대해서 일본 기업의 경영자와 정부는 근로자의 참여를 이끌어낼 수 있고 인적관리의 협력을 도모할 수 있는 일본 경영에서의 성공적 요인으로 종신고용제를 인식하고 있었다고 볼 수 있다. 또한, 일본의 고용시스템은 일본의 금융시스템과 보완적이었음도 제시되었다. 그러나 이러한 종신고용제는 1990년대 저성장 시대에도 지속되면서 고용구조 전환을 지체시키는데 일조한 것으로 볼 수 있다. 생산성 충격이 도래하였음에도 불구하고 일본기업이 종신고용제를 계속 유지할 수 있었던 것은 기업을 하나의 사회로 인식하고 사회구성원을 보호하려는 일본 특유의 문화적 속성도 작용하였을 가능성이 있다. 어쨌든 종신고용제는 최소한 1990년대 후반까지도 내부적으로 유효하였던 것으로 보이며, 이러한 종신고용제의 지속성은 향후 고용구조의 전환에 중요한 역할을 하게 된다. 생산성 충격과 이에 대한 미비한 대응이 장기화되면서 수익성에 영향을 주기 시작하였고, 이에 대한 고용측면에서의 대응이 진행되기 시작하였다. 우선, 전반적으로 고용률이 정체를 보이기 시작하였으며, 실업이 증대되기 시작하였다. 또한, 정규직의 고용률이 줄기 시작하였으며, 비정규직의 고용률이 여성 비정규직을 중심으로 증가하기 시작하였다. 우선 정규직-비정규직 고용구조에 대해서 살펴보도록 하자.

〈 고용구조: 정규직과 비정규직 〉

일본의 비정규직은 정규직을 제외한 파트, 아르바이트, 파견, 계약, 위탁 사원 등을 총칭한다. 일본의 비정규직 고용자 수는 1990년대 중반부터 급격히 증가하기 시작하여 2007년에는 약 1,900만명에 육박하였으며, 이는 1987년의 850만명에 비하면 두 배 이상 증가를 기록하였다. 전체 고용자 수에서 비정규직이 차지하는 비중도 1987년 19.7%, 1997년 24.6%에서 2007년에는 35.6%에 이르렀다. 아래의 그림에서 살펴보면 일본의 전체 고용은 1990년대 후반 이후 정체를 보이기 시작하였다. 이러한 고용 정체가 나타나면서 고용구조에서 두 가지 특성이 출현하기 시작하였다. 하나는 정규직 고용의 감소이고 다른 하나는 비정규직 고용의 증가이다. 이 두 가지 속성이 고용의 정체와 함께 나타나기 시작하였다. 아래의 <그림 21>~<그림 23>은 일본의 고용구조 추이를 전체, 남성, 여성으로 구분하여 각각 제시하고 있다.

<그림 21> 일본의 고용구조 추이: 전체

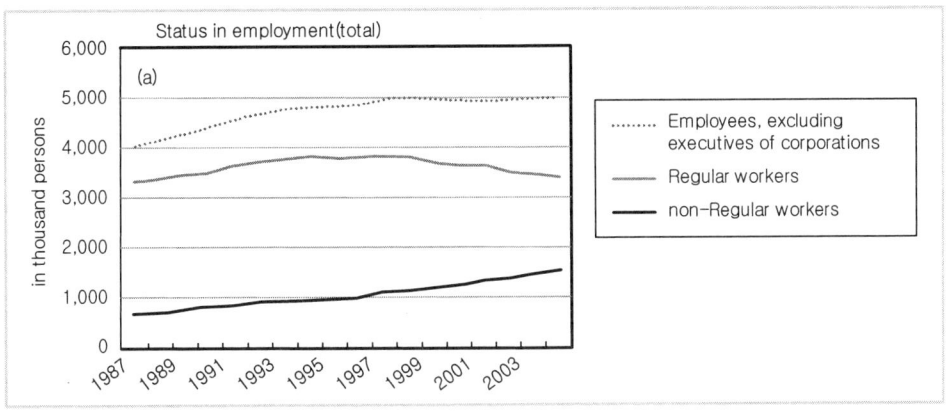

자료: Nakatani & Skott(2007)

<그림 22> 일본의 고용구조 추이: 남성

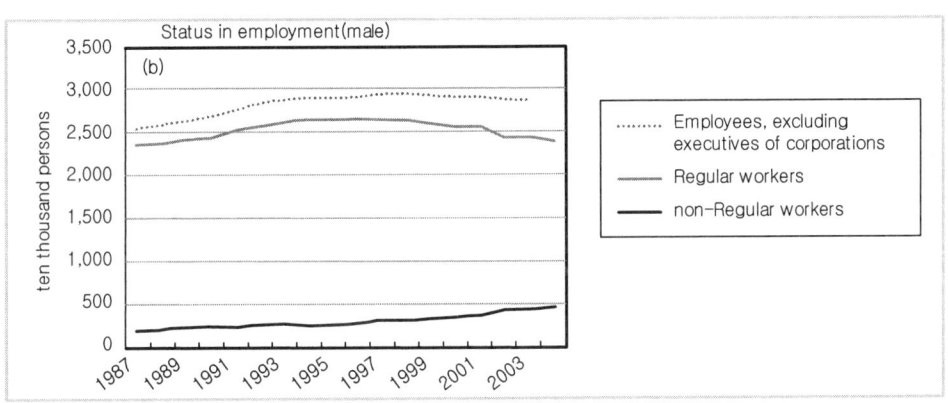

자료: Nakatani & Skott(2007)

<그림 23> 일본의 고용구조 추이: 여성

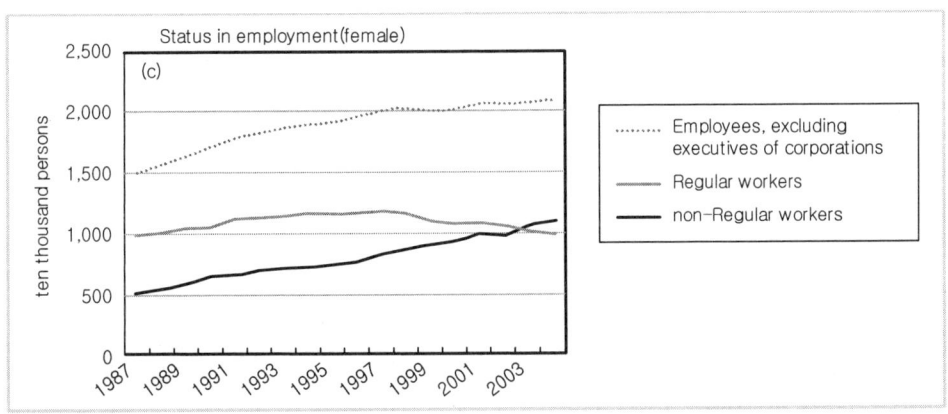

자료: Nakatani & Skott(2007)

이러한 현상은 남성과 여성의 고용에서도 나타났다. 전체 고용은 정체되었지만 남성의 고용은 줄어들기 시작한 반면 여성의 고용은 증가하였다. 이러한 남녀 고용의 차이는 비정규직 고용의 차이에서 나타난 것으로 보인다. 남성의 비정규직 고용은 낮은 속도로 증가하였지만 여성 비정규직의 고용은 약 15년 동안 두 배로 성장하는 급속히 빠른 증가 추이를 나타냈다.

이와 같이 일본의 고용구조는 1990년대 후반 이래 고용이 감소하는 경향을 보였으며, 정규직에 비하여 비정규직의 고용이 증가하였으며, 특히 여성 비정규직의 고용이 대폭 증가하였음을 확인할 수 있다. 이는 일본의 고용시스템의 전환이 일어나기 시작하였음을 시사한다. 일본의 산업 발전을 지원하였던 종신고용제와 연공서열제 등의 고용시스템이 변화하기 시작하였고, 연봉제와 비정규직의 활용이 기존의 고용체계를 대체하기 시작하였다.16) 이러한 고용구조의 변화가 지체된 것은 일본 기업이 새로운 충격에 대한 대응이 지체되었으며,17) 기존의 관행이나 구조를 이어가려는 동기가 지속되었기 때문으로 볼 수 있다.

〈 고용구조: 이직과 구직의 변화 〉

상기의 고용구조 논의는 고용의 구성에서의 변화에 대한 시사점을 주고 있다. 고용이 정체되고 있는 상황이라면 구직과 이직은 어떻게 변화한 것인지 이에 대응하여 실업률은 어떠한 변화를 나타내는지를 살펴볼 필요가 있다. 이는 장기실업률의 변화를 추적함으로써 노동시장의 구조적 변화에 대하여 살펴볼 수 있게 해준다. 1990년대 일본의 노동시장은 어떠한 모습을 나타내는지를 확인할 필요가 있다. 1990년대 동안에 고용률, 총취업자수, 인구대비 고용비율 모두 하락한 것으로 나타났다. 반면에 실업률은 1990년 2.1%에서 2002년 5.4%로 급격히 증가하였다. 실업에서 구직이 되는 분기 확률(구직률)은 동 기간에 41%에서 27%로 하락하였으며, 실직률은 0.8%에서 1.9%로 증가하였다. 토요휴무제와 신규 국가휴일이 늘어난 결과 주당 노동시간은 43에서 38시간으로 줄어들었다. 실질임금은 1997년까지 거의 1990년 수준을 유지하였으나 이후 하락하여 2000년에는 1990년의 90% 수준을 밑돌고 그 이후에 더 하락하는 모습을 나타내고 있다.

---

16) 이지평(2016)은 일본기업의 구조조정 과정에서의 판단 착오와 기존 구조에 대한 과신을 강조하고 있다.
17) 많은 연구에서는 일본 기업의 구조조정 과정에서 초기 상황인식을 제대로 하지 못하였으며 기존의 대응 방식을 고집하였다는 비판에 대한 논의가 대부분이다. 하지만, 본고에서는 그와 같은 대응을 이어갈 수 있었던 동기나 유인이 존재하였을 것으로 보고 이를 추적할 필요가 있음을 논의하고 있다. 이러한 관점에서 본다면 정부의 정책이 기업의 관행유지에 영향력을 주었을 가능성이 있다. 정부의 구조조정 지원 방식과 기업의 구조조정 과정이 상관관계가 높은 것으로 나타났다.

〈그림 24〉 Japanese labor market empirical evidence during the 1990s

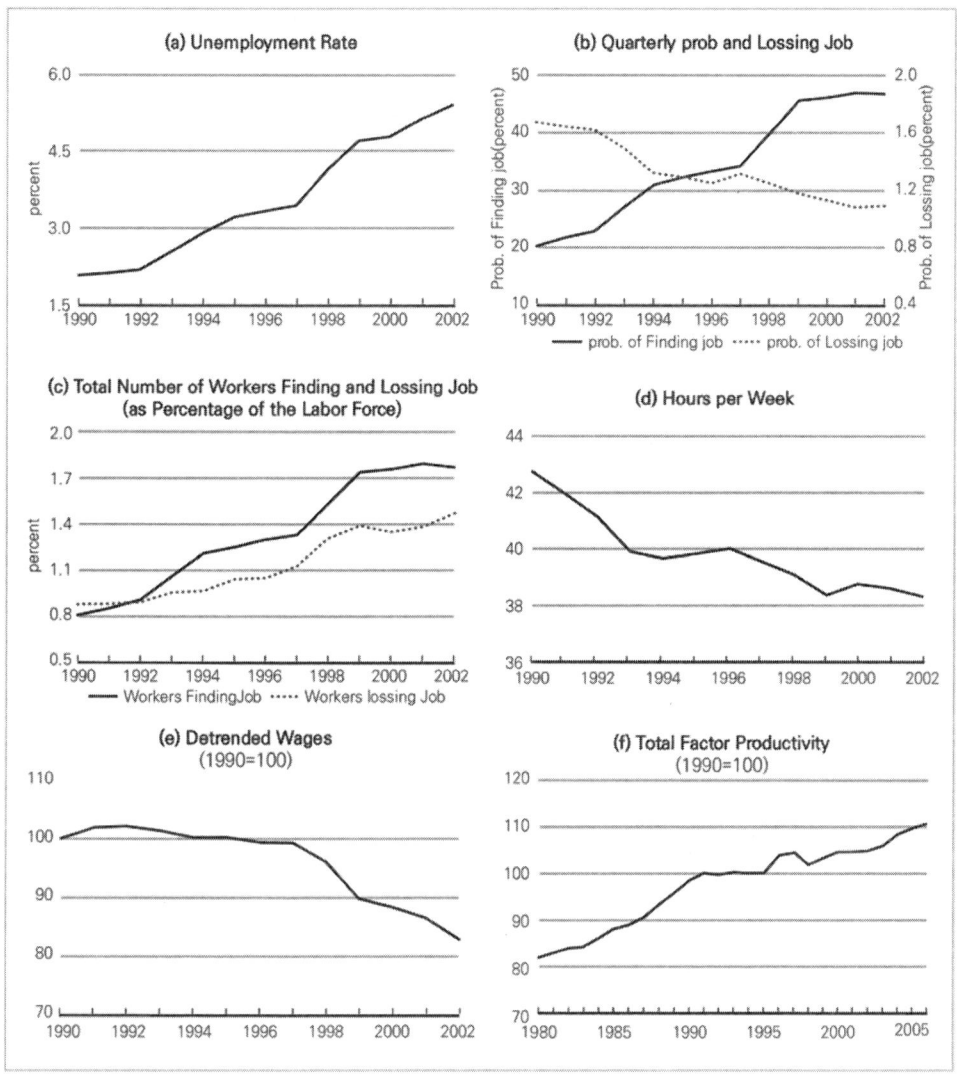

자료: Esteban-Pretel et al.(2010)

상기의 <그림 24>에서 전체 노동력에서 구직하는 비율인 구직률은 1999년까지 계속 증가하는 추세를 이어가고 있음을 확인할 수 있다. 이는 새롭게 창출되는 일자리에서의 구조적 변화가 나타나지 않았음을 의미한다. 1999년이 넘어서야 비로소 구직률이 정체되는 것을 볼 수 있다. 이는 신규 취업이 정체되는 것을 의미하며 기업이 신규취업을 증가시키지 않았음을 확인하는 것이다. 이는 실직률이 1990년대 전반에 걸쳐 증가하는 모습을 보이는 것과 함께 고려하면 장기적인 실업률이 1990년대 후반 이후로 증가하였음을 확인하게 된다.

Esteban-Pretel et al.(2010)은 이러한 노동시장의 변화가 총요소생산성 증가 둔화와 정부의 노동시간 감소 정책에 따른 것으로 설명하고 있다. 실직률 및 구직률, 실업률, 실질임금 등의 추이에서 1990년대에 급격히 변화가 나타난 시점은 1998년이며 그 이후 추세화되는 움직임이 있는 반면, 생산성 수준은 1990년대 초반부터 정체되는 것으로 나타나고 있어 노동시장의 구조적 변화는 생산성 증가 둔화의 영향으로 볼 수 있다. 따라서 1990년대 생산성 정체가 발생한 원인에 대해서는 1990년대 전반에 걸쳐 노동시장의 구조를 변화시키지 않은 외생적 요인에 대해서 살펴볼 필요가 있다.

한 가지 흥미로운 것은 모형으로부터 시뮬레이션한 결과와 실제 데이터의 차이가 나타나는 부분에 관한 것이다. 두 변수의 결과가 실제 자료와 차이를 나타내는데, 실질임금과 구직률에서 실제 자료와 시뮬레이션 결과가 차이가 발생하는 것으로 나타났다. 실질임금의 경우에는 1990년대에 걸쳐 실제 자료가 시뮬레이션 결과에 비하여 상대적으로 높은 것으로 나타나고 있으며, 구직률의 경우에는 실제 자료가 시뮬레이션 결과에 비하여 낮게 나타나고 있다. 모형이 예측한 것에 비하여 실제 자료는 1990년대에 걸쳐 상대적으로 실질임금은 높고 구직률은 높은 형태를 취하고 있다. 이는 실제 경제에서 생산성이 낮았음에도 불구하고 실질임금이 이를 반영하지 못하고 높은 수준을 그대로 유지하였으며, 기업은 상대적으로 높은 실질임금의 부담으로 일자리를 충분히 제공하지 못하였으며 이에 따라 구직률이 상대적으로 낮았을 가능성을 내포한다고 볼 수 있다. 모형에서는 기업과 실업자의 매칭이 낮은 생산성에 의하여 불연속이 됨을 모형화한 결과이므로 이러한 실질임금과 구직률의 실제관계를 완벽하게 설명하지 못한 것으로 판단된다.[18] 아래의 그림들은 실제 자료와 시뮬레이션 결과를 1990년대를 중심으로 표현한 것이다.

---

[18] Esteban-Pretel et al.(2010)에서도 이에 대한 설명으로 모형이 제시하고 있는 Nash bargaining 가정에서의 실질임금의 유연성이 실제 노동시장에 비하여 더 높은 것으로 설명하고 있다.

<그림 25> Data and simulation's wages

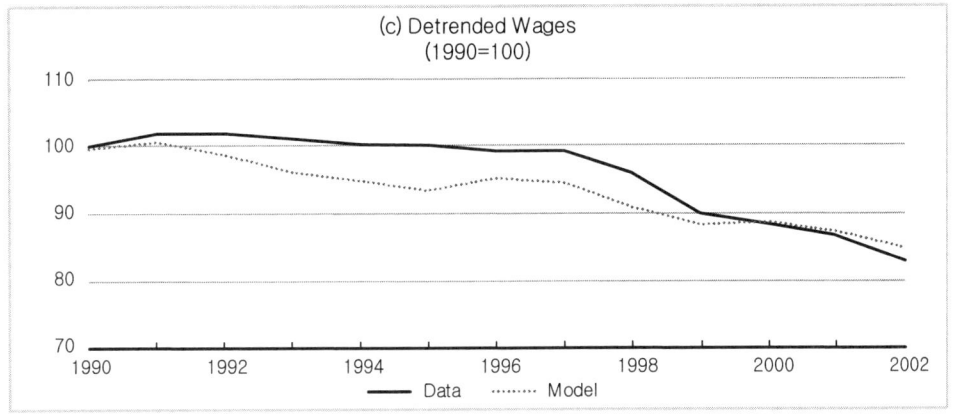

자료: Esteban-Pretel et al.(2010)

<그림 26> Data and simulation's quarterly prob of finding job

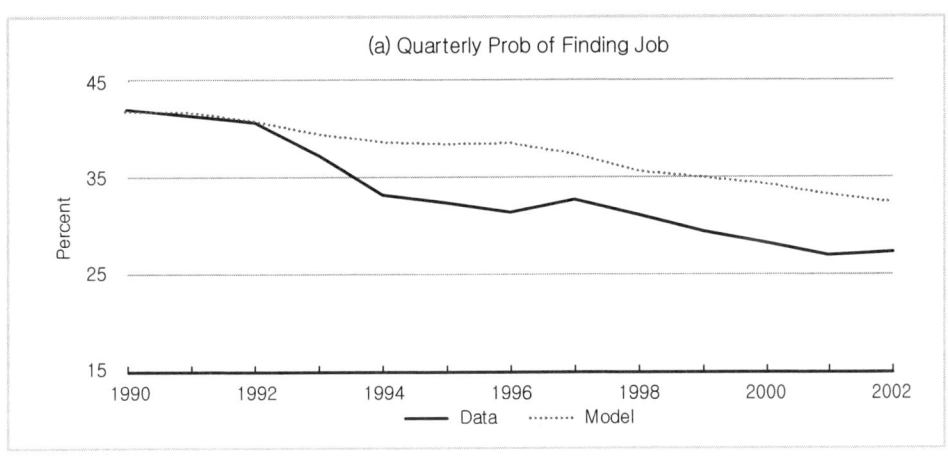

자료: Esteban-Pretel et al.(2010)

< 고용구조 전환의 지체와 생산성 둔화 >

노동시장 구조를 변화시키지 못한 원인은 노동의 공급이 아니라 노동의 수요 측면에서 살펴볼 필요가 있을 것이다. 1990년대 후반까지는 종신고용제를 유지하면서 노동의 구조를 종전의 그대로 유지하려는 경향이 강하였고, 1990년대 후반 이후에는 종신고용제의 기반을 허물지 않으면서 구직률이 증가하지 않고 정체되고 새로운 일자리는 비정규직 여성에 의해서 고용되는 구조로 전환된 것이다. 1990년 이후로 이러한 노동구조의 전환은 노동생산성 측면에서 모두 바람직하지 않았을 것으로 추론된다. 첫째 1990년대 후반까지 종신고용제가 유지되는 모습은 새로운 변화나 새로운 혁신에 대한 대응으로

서 새로운 인적자본의 형성을 저해하였을 가능성이 있으며, 이는 생산성의 정체를 가져왔을 것이다. 둘째로 1990년대 후반 이후로 신규 취업을 억제하고 비정규직 위주로 고용을 증대한 것은 새로운 생산성을 가진 인적자본의 유입을 억제하였을 것이고 비정규직 중심의 고용은 새로운 혁신이나 높은 생산성을 획득하려는 유인을 저해하였을 가능성이 높다.

□ 인구구조

생산성 둔화와 관련된 또 하나의 가설은 인구구조의 전환에 따른 문제를 고려할 수 있다. 일본의 전후 베이비붐 세대가 40~50세가 되는 기간이 대체로 1985~1995년이라 할 수 있다. 이들이 사회적 지도층으로 도약하는 시기에 이를 필요로 하는 중간계층 이상의 일자리가 늘어나야 이들을 흡수할 수 있는 사회적 여건이 조성된다고 할 수 있다. 이를 위해서는 기업의 규모나 투자가 확대되는 유인이 발생하게 되며, 이러한 유인은 기업의 경영자가 추진해야할 과제로 자리 잡을 수 있었다. 게다가 1980년대 말에 근로기준법의 개정으로 근로시간이 지속적으로 줄고 있었고 사회는 종신고용을 문화로 지키고 있었다는 점이 인구구조의 전환 시기와 맞물려서 나타났다고 볼 수 있다.

〈그림 27〉 일본 인구피라미드의 변화

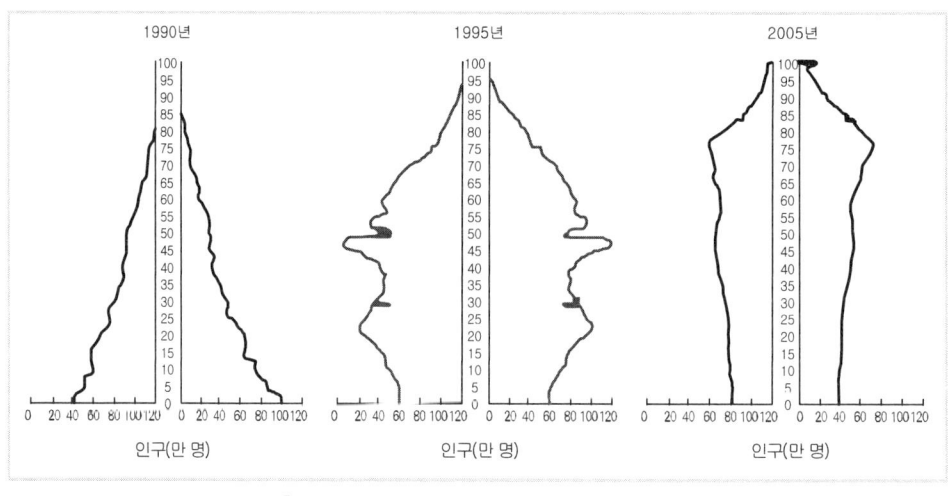

자료: 미후라 후미아 편저(1999), 「도감 고령자백서」

생산중심 인구가 고령화되는 것은 기업으로 하여금 두 가지 부담을 갖게 하였을 것으로 판단된다. 생산중심인구가 고령화됨에 따라 기업의 간부 자원 규모가 커졌으며, 종신고용제와 연공서열제를 유지하고 있는 일본 기업으로서는 이들 자원을 보유하기 위해서 더 큰 규모의 기업이 되거나 자회사나 플랜트를 더 많이 확보할 유인이 있었을 것이다. 이는 자본의 축적을 심화시켜 자본의 수익률을 낮추고 생산성이 낮아져 수익성이 감소하는 문제를 야기하였을 것이다. 둘째로는 생산인구의 연령이 높아짐에 따라 연공서열제 기준으로 임금부담이 높아졌을 뿐 아니라 실질임금과 노동생산성 간의 연계를 약화시켰을 것이며, 이는 근로자로 하여금 생산성 증대에 대한 유인을 저해하는 요인으로 작용하여 생산성이 전반적으로 낮아지는 역할을 하였을 것으로 기대된다.

인구의 고령화와 생산성의 관계에 대하여 논의한 연구들에 따르면 생산인구의 고령화는 생산성에 부정적인 관계를 가지고 있음을 논의하고 있다. 아래의 그림은 인구의 고령화에 따르면 부양인구비율에서의 변화와 총요소생산성 증가율의 상관관계를 주요 선진국에 대해서 제시하고 있다. 이를 살펴보면 이 두 변수는 <그림 28>에서 보는 바와 같이 우하향하는 관계를 나타내고 있다.

<그림 28> Dependency Ratio and TFP Growth

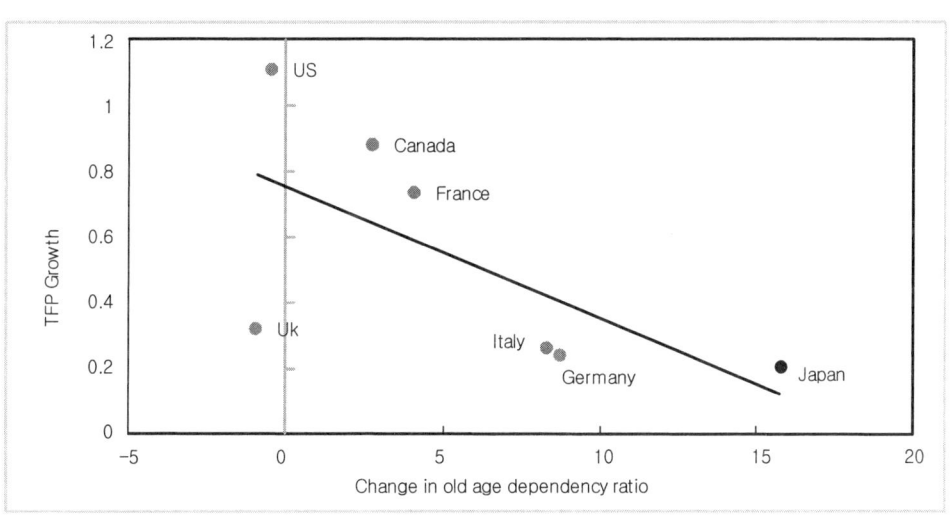

자료: Liu & Westelius(2016)

인구학적 요인과 생산성 저하에 대한 논의는 Liu and Westelius(2016)의 연구에서 찾아볼 수 있다. 이에 따르면 생산연령인구의 고령화는 총요소생산성에 부정적인 영향이 있음을 밝혔다. 1990~2007년을 대상으로 지역별 일본 산업생산성(the Regional-level Japan Industrial Productivity; R-JIP)에서 추출한 실질 성장, 자본스톡, 노동시간 자료를 이용하여 추정한 결과, 30대 연령 그룹에서 40대 연령 그룹으로 1%p 이동하는 경우 총요소생산성의 수준은 약 4.4%까지 증가하는 반면, 40대 연령 그룹에서 50대 연령 그룹으로 이동하는 경우에는 약 1.3%까지 총요소생산성 수준이 감소하는 것으로 추정되었다. 이러한 추정을 바탕으로 인구의 연령분포가 생산성증가율에 기여하는 정도를 계산하여 제시하면 아래의 <그림 29>와 같다.

<그림 29> Contributions from Changes in Age Distribution of Working Age Population to TFP Growth, 1995~2035

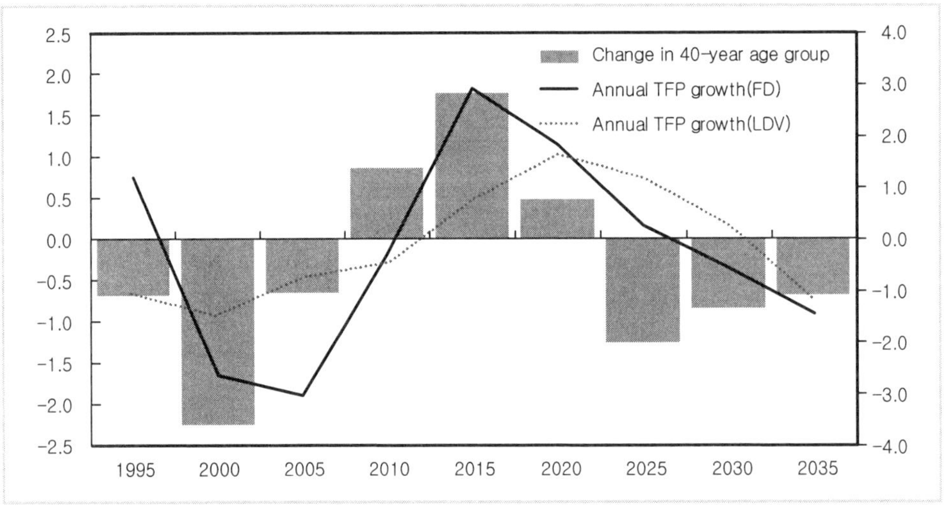

자료: Liu & Westelius(2016)

3) 비효율성: 제도 및 정책적 요인

□ 정책과 제도적 요인

Hayashi & Prescott(2002)에서는 저성장을 유발한 요인인 저생산성 또는 생산성 둔화의 원인으로 비효율적인 기업이 생산한 산출이 전체에서 차지하는 비중이 높은 상황에서 비효율적인 기업과 사양 산업을 보조해주는 정부의 정책이 주요한 원인임을 강조하고 있다. 이러한 정책은 투자를 위축시킴으로써 새롭고 생산적인 기술의 도입을 저해하는 효과까지 있었음을 덧붙이고 있다.

Yamaguchi(1999) 또한 생산성둔화는 변화와 세계화에 대하여 적응하지 못한 기업의 능력 부재와 관련이 있음을 설명하면서, 법과 규제 및 조세체계가 기업으로 하여금 정보기술 혁명을 충분히 활용하여 편익을 취하지 못하게 한 원인인 것으로 지적하고 있다. 또한, 기업의 지배구조와 관련해서는 기업의 이사회가 대부분 기업의 내부자로 구성되어 있으며, 기업지분의 상호 교차 지분 보유 형태를 가지는 것이고 이러한 지배구조가 장기 전략을 전달하는 역할을 관리하기 적합한 구조라고 여기는 것이 고유한 일본의 기업지배구조이다. 그러나 다른 한편으로는 이러한 지배구조는 자본에 대한 수익률을 개선하려는 시장의 압력으로부터 경영을 보호하는 역할을 하였다고 볼 수 있다. 결국 기업의 지배구조 역시 기업이 처한 환경에 대한 유연성보다는 관행이나 관성으로부터 벗어나지 못하고 시장의 요구를 수용하지 못하는 한계를 가지게 된 것으로 볼 수 있다.

'좀비' 가설에 따르면 일본의 총요소생산성(TFP) 저하는 주로 비제조업 부문에 집중될 것으로 기대되었다. 부실채권이 부동산, 건설업 상업과 서비스업 등 비제조업 부문에 집중되어 있었는데[19] 이는 부실채권의 주요 요인이 1990년대 초의 지가 버블의 폭발에 의한 것이기 때문이다. 그러나 여러 실증분석에서 TFP의 저성장은 비제조업보다는 제조업 부문에서 더 많이 관찰되고 있다.[20] Nishimura et al.(2003)과 Fukao and Kwon(2003)에 따르면 일부 산업에서 시장에 머무르고 있는 기존 기업에 비하여 퇴출기업의 평균 TFP 수준이 더 높은 것으로 관찰되었다. 이는 생산성이 낮은 기업이 퇴출된다는 시장경쟁 원리와는 다소 거리가 있는 결과이고, 이러한 생산성 역설이 제조업의 생산성 증가 둔화를 설명하는 요인이 될 수도 있다.

이에 더불어 Fukao and Kwon(2005)는 각 제조업에서 생산성(TFP) 상위 그룹과 하위 그룹으로 구분하여 이들의 생산성 차이(TFP gap)를 추적하였는데, 이 생산성 차이는 R&D집약도가 높을수록 국제화가 강한 산업일수록 더 벌어지는 것으로 조사되었다. 생산성 상위 기업일수록 R&D 집약도가 높고, 국제화의 정도가 강하며, 규모가 크고, 더 낮은 부채-자산비율을 가지는 것으로 분석되었다. 또한, R&D집약도와 국제화의 강화가 기업의 생산성 증가에 긍정적인 효과가 있음도 밝혔다. 또한, 생산성 하위 기업의 고용 감소는 생산성 상위 기업의 고용 감소보다 크지 않은 것으로 나타났고, 생산성 상위 기업의 매출 증가는 하위 기업의 매출 증가보다 작은 것으로 나타났다. 대부분의 생산성 상위 기업들은 고용을 줄이고 있으며, 이는 구조조정과 해외 생산의 재배치 등에 따른 것으로 해석하고 있다. 이러한 해석은 국제화와 기술 발전에 따라 생산성 상위 기업들은 해외로 진출하는 것을 의미하므로 고용이 감소하고 매출이 줄어들며 퇴출기업의 생산성이 평균적으로 높은 것은 설명이 가능하다. 그렇다면 남아 있는 기업은 어떻게 설명할 것인지를 살펴볼 필요가 있다. 생산성 하위 그룹은 낮은 생산성, 낮은 고용 감소폭, 평균적인 매출 증가, 낮은 국제화를 특성으로 한다. 이는 생산성이 낮은 기업이 국내의 내수를 기반으로 하며 내수 부문에서 기업간 경쟁이 강하지 않으며 시장을 서로 나누어 유지하려는 과점적 현상을 의심할 수 있다. 매출과 고용을 유지하려는 사회적 힘이 경쟁을 억제하는 요인이 되었을 가능성이 있으며, 생산성 증가의 동력을 잃어버리

---

19) Caballero, Hoshi, and Kashyap(2008)
20) Yoshikawa and Matsumoto(2001), Nishimura and Minetaki(2003), Miyagawa(2003), Fukao et al.(2004)

게 한 요인으로도 고용구조와 경쟁 부재가 역할을 한 것으로 추측할 수 있다.

Agnese & Sala(2009)의 연구는 1990년대의 급격한 실업 증가의 원인을 노동시장 모형을 추정하고 노동수요와 노동공급의 주요한 거시경제적 결정요인을 식별함으로써 밝히려고 하였다. 이를 통해 생산성 둔화의 주도적 역할 이외에도 정부에 의해서 수행된 적극적이고 확장적인 정책 수단들이 노동시장에 대해 전반적으로 부정적인 효과가 있었음을 밝히고 있다. 그들이 우선적으로 밝힌 내용은 지난 잃어버린 10년의 기간 중 발생한 급격한 실업의 증가는 생산성이 주도한 현상이 핵심이라는 것이다. 또한, 정부 부채의 가파른 증가 역시 주요 역할을 하였는데, 해고를 초래했을 비효율적인 기업을 지원하고 새롭게 출현할 수 있는 일자리 기회를 억제하는 역할을 한 것으로 보고 있다. 특히, 1990~2002년 기간 동안 낮은 생산성과 부채의 증가는 실업률 증가 중 각각 5.1%p와 2.6%p를 설명하고 있는 것으로 추정되었다. 이러한 효과는 반대방향으로 기여한 다음과 같은 요인들에 의해서 상쇄되기는 하였다. 이러한 요인으로는 실질임금이 -1.6%p를 기여하여 가장 큰 상쇄 효과를 만들어냈고, 경기확장적 재정정책이 -1.0%p, 인구학적 요인이 -0.5%p를 기여한 것으로 추정되었다. 한편, 민간부문의 금융 위기를 대표하는 변수의 경우에는 이 기간 동안에 유의적인 기여를 하였다는 근거는 찾기 어려웠음을 밝히고 있다.

1990년대 저성장의 구조적 요인으로 주목받은 요인 중의 하나로 정부의 규제를 들 수 있다. 일본 경제에서는 비효율적인 규제가 많아서 경쟁원리가 충분히 적용되지 않았음을 지적하는 것이다. 정부 규제에 의해 효율적인 경제활동이 저해되는 현상이 나타났고, 이는 일본 경제 침체의 주요 요인으로 자리 잡았다는 것이다.[21] 또한, 시대에 뒤떨어진 규제에 의해서 내외가격차가 확대되었고 이에 따라 고비용 구조가 정착되었음을 지적한다. 첫째, 부적절한 규제가 존재하고 이 때문에 시장메카니즘에 의한 효율적인 자원배분이 저해되고 결과적으로 생산성이 떨어지는 현상이 나타났으며, 둘째로 시대에 뒤떨어진 규제로 말미암아 소비자의 수요를 유도하는 새롭고 창의적인 재화와 서비스의 창출이 살아나지 못하였다는 것이다. 그러나 비효율적인 규제가 1990년대 이전에도 존재하고 있었다는 점에서 1990년대의 경제 침체를 설명하기엔 한계를 가지고 있다.

주어진 제도적 문제가 이러한 더딘 요소투입 조정을 가져왔을 것으로 볼 수 있다. 과거의 비신축적 고용제도와 문화에 의하여 투자에 직면하였을 때 의사결정 과정의 지연 등을 초래하였을 것으로 볼 수 있다. 일본의 집단적 사회규범 준수와 현세적 생활관이 새로운 변화에 대한 대응을 지체시킨 요인으로 고려할 수 있다. 일본의 기업은 일본인이 의지하려는 사회의 전통을 그대로 계승하였다고 볼 수 있다. 일본 기업은 종신고용과

---

[21] 이에 대해서는 조종화·이형근(2003)에서 버블형성의 원인으로서도 논의하고 있다.

연공서열이라는 제도로서 사회 구성원의 보호(종신고용)와 사회질서(연공서열)로 대표되는 사회관을 그대로 계승하였다. 이러한 관점에서 기업은 연공서열과 종신고용을 포기하는 것은 사회의 규범을 파괴하여 혼란을 일으키는 매우 큰 위험으로 여겼을 가능성이 높다. 이는 웬만한 크기의 경제적 충격이 오더라도 이러한 제도를 포기할 가능성은 현저히 떨어졌을 가능성을 내포한다. 또한, 현세적 생활관은 사회의 규범을 따르는 한에서는 개인의 사치와 불합리한 영향력도 허용이 가능하도록 한다. 일본 기업의 경영자는 사회의 지도층 역할을 하지만 사회 구성원을 보호하고 질서를 유지하는 역할에 충실하다면 부적절한 의사결정이나 비생산적 요소 투입에 대해서는 비난을 받지 않았을 가능성이 있다. 이는 현실의 기업구조의 질서를 유지하는 한 비생산적이고 비수익적인 의사결정에 큰 어려움 없이 기업의 자원을 배분할 수 있음을 의미하며, 생산성 충격이 도래하였음에도 불구하고 변화에 대한 대응을 지체하고 기존의 대응 방식을 그대로 유지하려는 유인으로 작용하였을 것이다.

일본의 거시경제정책 특히, 통화정책과 재정정책에서도 경기침체를 충분히 회복시키기에 부족하였으며 경기에 대한 판단착오 등이 작동하여 적절한 시기를 놓치고 경제에 부정적인 영향을 주었던 것으로 평가되고 있다. 여기서는 경제정책의 문제점을 지적하기보다는 정부의 정책실패가 정부의 상황판단 미숙과 새로운 현상에 대한 대응 부족이 있었음을 강조하였다. 이는 결국 정부의 정책실패를 가져왔을 뿐만 아니라 기업으로 하여금 상황인식과 환경변화에 대한 대응을 지체시킨 원인으로 작용하였다. 이러한 상황 판단의 미숙이 정부와 기업 모두에서 나타난다는 점이 중요하다. 국가의 생산을 담당하는 기업과 경제의 안정화에 기여하는 정부 모두에서 적절한 상황 판단 착오와 기존의 정책 구조와 경영 구조를 그대로 지속하려던 관성이 결국 빠른 적응을 가져오지 못하고 문제를 장기화하였던 원인임을 추론할 수 있다.

일본의 통화정책은 일본의 저성장 기간 중 세 번의 정책적 실패를 거듭한 것으로 분석되고 있다.[22] 첫째는 1991년 버블붕괴로 경기침체가 발생하였을 때 일본은행의 불충분한 정책대응이었으며, 둘째는 1995년 이후 GDP 디플레이터가 지속적으로 하락함에도 디플레이션 징후를 포착하지 못하였으며, 셋째는 2000년 디플레이션 지속 상황에서 금리를 인상하여 디플레이션을 악화시킨 것이다. 이러한 정책판단 착오에서 중요한 것은 왜 그러한 판단을 하였는지를 보는 것이다. 일본의 통화정책 담당자는 디플레이션과 인플레이션에 대한 인식의 차이가 있었다고 볼 수 있다. 인플레이션에 대한 경험과 우려는 인플레이션에 대한 대응과 반응에 적극적이었던 반면, 디플레이션에 대한 우려는 크지 않았으며 이에 대한 경험도 거의 부재한 상황이었다. 이러한 상황에서 디플레이션이라는 새로운 경험에 대하여 소극적이었으며 기존의 인플레이션에 대한 우려가 우선적인 고려였

---

[22] 이에 대해서는 조동철 외(2014)의 연구 제8장에서 자세히 논의되고 있다.

다고 볼 수 있다. 이는 결국 정책혼선을 통한 정책실패로 귀결되었다. 다시 말해 기존의 방식에 대한 관성과 관행이 통화정책에서도 반복되어 나타났다고 할 수 있다.

일본의 저성장 시기의 재정정책은 경기침체에 대한 대응으로서 확장적 재정정책을 추진할 필요성이 있었으며, 인구 고령화로 복지지출을 중심으로 재정부담이 증가할 수밖에 없었다. 이에 따라 경기변동적 측면과 구조적 측면 모두에서 재정지출이 확대될 수밖에 없는 상황이었다고 볼 수 있다. 이러한 확장적 재정정책은 감세정책으로 추진되었다. 일본은 1994년, 1998년, 1999년 3단계에 걸쳐 감세정책을 시행하였다. 이러한 감세정책이 경기부양으로 이어지지 못하면서 결국 세입기반만을 약화시키는 결과를 초래하게 된다. 재정지출 측면에서는 세 가지 형태로 재정지출이 증가된 것으로 요약할 수 있다. 첫째는 인구구조 고령화에 따른 사회복지지출 증대이고, 둘째는 공공사업과 관련한 재정지출 확대이며, 셋째로 지방이전재원의 확대이다. 이와 같이 사회복지지출이나 공공재 공급 확대는 일본이 정치체계인 의원내각제에 의해 그 유인이 더 커질 수 있었다.[23] 이러한 유인은 재정건전성을 악화시킬 수 있는 요인으로서 중요하다고 할 수 있다. 재정정책 측면에서도 줄어든 세수, 확대된 재정지출로 인하여 재정건전성이 악화되고 정부부채가 증가하는 추이를 나타내고 있는 반면, 이에 대한 대응으로서의 재정개혁이 성공하지 못하였다. 이러한 재정개혁 실패 역시 기존의 정부 역할을 수행하려한 정부의 수동적 역할과 사회재정지출에 대한 근본적 해결책에 대한 적극성 부재 등이 재정건전성 악화를 전환시키려는 동인을 상실시킨 요인이라고 볼 수 있다.

☐ **자원배분의 비효율성**

기업간 자원배분의 비효율성을 강조한 Fujii·Nozawa(2013)에 따르면, 생산성 충격은 총요소생산성 증가율의 일부분에 불과하며 기업들의 생산성 평균으로부터의 격차가 생산성 둔화의 유의적인 요인임을 지적하고 있다. 기업 생산성이 평균과 거리가 나타나는 마찰의 주요인을 분석하였는데, 이러한 마찰적 요인은 불확실성의 증가가 주요한 요인이며, 투입요소 수준에 적응하는데 시간과 자원이 소요됨에 따라 기대치 않은 개별 충격에 대해 기업간 생산성 변동이 나타나는 것으로 보고 있다. 자원배분의 비효율성의 주원인은 노동보다는 오히려 자본의 배분오류에 의한 것으로 분석되고 있다. 긍정적인 생산성 충격이 발생하였을 때 투입요소를 적절하게 신속히 증가하지 못하고 오히려 더딘 대응을 하는 것으로 나타났으며, 이러한 투입요소의 조정 지체에 따라 불확실성의 증가와 더불어 생산성의 변화가 더 크게 나타나는 것으로 보고 있다. 정책금융이 이러한 배분 비효율성을 가져온 것으로 분석하고 있다.

---

[23] 이에 대해서는 조동철 외(2014)의 연구의 제9장에서 자세히 논의되고 있다.

III. 결론

1990년대 일본의 저성장의 원인은 생산성증가의 둔화로 볼 수 있다. 이에 대해서 많은 연구가 이루어졌으며, 이러한 연구들에 따르면 총요소생산성 증가율을 추정시, 1990년대의 생산성증가율은 그 이전 기간에 비하여 현저히 떨어지는 것을 확인할 수 있다. 게다가 이러한 생산성 둔화 현상은 1990년대 전반에 걸쳐 나타나는 현상으로 확인할 수 있다. 그렇다면 이러한 생산성 저하 현상의 배경과 요인에 대하여 분석할 필요가 있다.

이를 위해서 1990년대의 자본과 노동의 움직임과 효율성과 관련한 논의를 살펴보았다. 우선, 자본의 경우에는 버블기간 이후에도 자본-산출비율이 커지는 모습을 나타내고 있음을 확인할 수 있었다. 특히, 자본의 수익률이 감소함에도 불구하고 자본의 축적이 지속되는 것은 자본축적의 의사결정, 즉 자본재 구매의 투자 의사결정이 수익성에 의존하고 있지 않은 측면이 존재하는 것으로 볼 수 있다. 자본 심화(capital deepening) 현상과 생산성 저하를 동시에 설명할 필요가 있다. 이러한 과도한 투자(자본)를 설명할 수 있는 요인으로 일본 기업의 지배구조를 지적하는 논의를 찾아볼 수 있다. 주주의 이익에 비중을 두지 않고 기업의 외연 확대에 비중을 둔 경영자의 경영방식이 적용될 수 있는 기업지배구조에 따라 비생산적인 자본의 구입과 생산성이 낮은 근로자의 고용이 가능하게 되었음을 논의하고 있다.

1990년대 일본의 저성장 시기의 노동환경과 고용구조를 살펴보면 1980년대 후반 근로기준법의 개정과 함께 근로시간이 제도적으로 감소하는 것으로 출발하였다고 볼 수 있다. 이와 함께 법정 공휴일이 증가하는 등 노동시간이 감소하는 추세가 저성장 시기 전반에 걸쳐 나타나고 있음을 확인할 수 있다. 이와 같이 노동시간이 줄어드는 추세가 이어지는 반면, 1990년대 생산성 저하가 나타나는 상황에서 실업률이 서서히 증가하면서도 실질임금이 1990년대 중반까지는 일정한 모습을 나타내고 있음도 확인할 수 있다. 1990년대 중반까지는 자연실업률 수준의 근처에 머물고 있었으며, 1990년대 후반이 넘어서야 자연실업률 수준이 종전의 수준을 넘어서서 높아진 것으로 볼 수 있다. 1990년대 중반 이후가 되어서야 실업이 크게 증가하고 실질임금도 하락하는 모습을 나타내기 시작하였다. 이러한 모습은 1990년대 중반까지는 어느 정도 고용이 유지되는 모습을 보이고 있다가 1990년대 후반에 들어서야 급격한 고용구조의 변동이 있었을 가능성을 시사한다. 이는 고용률과 고용구조에서도 나타나는데 1990년대 중반까지 유지되던 고용률은 그 이후 하락하게 되고, 이러한 하락은 상용직 고용률의 하락이 주도하는 것으로 나타났다. 상용직 고용률의 하락은 비상용직 고용률의 증가로 충원되는데 이러한 충원은 여성의 비상용직 증가에 의존하게 된다. 또한, 근속연수가 낮은 상용직을 중심으로 이직이나 이전이 나타나는 모습도 나타낸다. 이는 근속연수가 높은 근로자의 경우에는 2000년대에서도 종신고용이 유지되는 형태를 나타낸다는 것을 의미한다. 이는 근속률 자료를 이용한 연구에서도 확인되고 있다. 이러한 고용 상황으로부터 유추한다면 일본의 생산성 저하가 나타난 저성장 시기에 일본은 과거의 고용구조인 종신고용제를 유지하려는 유인이 있었음을 알 수 있다. 이 역시 외연 확대를 통해 기업을 경영하려했던 과거의 관행이 지속되었던 것으로 해석할 수 있다.

또한, 인구구조 측면에서 생산성과의 상관관계를 살펴보면 인구 특히 생산노동인구의 고령화는 생산성과 음(-)의 관계가 나타나고 있다. 생산성이 저하되는 시기가 핵심생산인구의 고령화와 맞물려 있으며, 인구구조가 변화하고 있을 때 기업이 이러한 변화에 능동적으로 대응하기 보다는 과거의 관성에 의하여 환경변화에 적응하는데 실패하거나 지체하게 됨으로써 저성장의 시기에서 빨리 벗어나지 못하게 되었을 가능성을 암시한다고 볼 수 있다.

1990년대 자본, 노동, 생산성의 움직임을 통해서 일본의 저성장이 생산성 저하에 의해서 초래되었으며, 이러한 생산성 저하가 상당기간 지속되었던 것은 자본수익률이 떨어짐에도 불구하고 자본의 축적심화를 통해 외연을 확대하려던 기업의 유인과 이를 지탱하는 기업의 지배구조의 영향으로 비생산적 자본을 계속 보유한 것으로 설명될 수 있다. 또한, 종신고용제로 대표되는 과거의 고용시스템을 지속적으로 유지하려는 관성이 작용하여 해고를 회피하고 근속연수가 높은 근로자를 계속 보유하면서 근속연수가 낮은 근로자의 이직이나 이전을 허용하고 제공하는 일자리수를 줄이면서 청년층이나 근속연수가 낮은 근로자의 실업률을 높이고 여성을 중심으로 비상용직 고용을 높임에 따라 생산성이 낮은 노동을 고용하여 사용하는 방식이 적용된 것으로 볼 수 있다. 결국 자본과 노동 모두에서 생산성이 낮은 자원을 활용하는 방식으로 인하여 생산성 저하가 상당 기간 지속된 것으로 살펴볼 수 있다.

앞에서 논의한 자본과 노동이라는 생산을 위한 투입요소에서 나타난 현상들 뿐만 아니라 정부의 저성장에 대한 시각과 역할도 생산성 저하를 지속시킨 요인의 하나라고 할 수 있다. 기존의 성공 관행으로 유지되던 규제를 지속하였으며, 경기침체에서의 정부 경제정책 역시 제한적이었던 점을 들 수 있다. 가장 중요한 것은 통화정책 등에서 기존의 인플레이션에 대한 편향된 우려로 정책적 일관성을 유지하지 못하고 경제적 안정성을 해쳤을 가능성이 있으며, 특히 부실부채에 대한 처리를 지연시킨 정부지원 등이 기업으로 하여금 새로운 투자와 신규 고용을 저해하는 영향을 미쳤던 것으로 볼 수 있다.

일본의 저성장 경험이 우리나라 경제에 줄 수 있는 시사점은 다음과 같이 생각할 수 있다. 생산성 저하가 반드시 기술 진보나 혁신의 부재에 의해서 초래되는 것은 아니다. 자본 축적을 통한 성장은 자본이 축적됨에 따라 자본의 수익률이 낮아지고 성장의 속도가 떨어지게 된다. 이 때 지속적 성장을 위해서는 기술의 진보나 효율성의 증대가 요구된다. 그러나 기술적 능력과 높은 수준의 인적자본이 충분하더라도 이를 적용하려는 적극적 자세나 수용적 태도가 존재하지 않는다면 생산성 증대는 멈출 수 있다. 기업이 새로운 변화나 새로운 제품을 개발하여 새로운 환경에 적응하려면, 기존의 성공 관행이나 기존의 틀에서 벗어날 필요가 있다. 일본의 기업은 필요할 때 이러한 변화에 대응하지 못하였다. 이러한 대응 부재의 근본적인 원인으로 일본 사회가 가지고 있는 기존 질서 보호적 문화나 기존 성공에 대한 자신감이 작용하였을 수도 있다. 하지만 중요한 것은 새로운 변화가 요구될 때 이에 대응하는 능력과 변화를 인식할 수 있는 개방성이라고 할 수 있다. 이러한 측면에서 한국의 경험은 아직까지는 변화에 대하여 적극적이고 개방적이라고 할 수 있다. 하지만, 사회가 점점 더 안정 추구적이고 위험에 대하여 소극적이고 회피적인 경향이 강해지는 것은 우려할 만한 점이라고 볼 수 있다. 한편, 일본 저성장 시기에서 일본 정부의 역할에서도 시사점을 찾을 수 있다. 일본 정부의 버블기와 버블붕괴 이후의 경제정책, 특히 통화정책은 일관성의 부재가 나타나고 있다. 이는 민간으로 하여금 정부정책 방향에 대한 혼선과 미래에 대한 기대 형성에 착오를 초래하였을 가능성이 있다. 또한, 버블붕괴 이후 기업과 은행의 부실부채에 대한 정부지원은 부실 연장 편향적인 형태를 나타냈다. 이 역시 기업으로 하여금 변화에 대한 기존의 대응 체계를 유지하려는 유인으로 작동하였다고 볼 수 있다. 이는 정책실패였고 저성장을 장기간 지속시킨 원인 중의 하나였다. 이러한 일본정부의 정책 경험에 대한 측면에서, 우리나라도 정부의 역할에 대해서 다시 생각할 필요가 있다.

참 고 문 헌

[국내문헌]

강응선(2001), 「일본경제의 붕괴와 잃어버린 10년」, 지역연구회시리즈 01-04, 대외경제정책연구원.

박종규(2007), 「일본의 장기침체와 회생과정: 한국경제에 대한 시사점」, 한국금융연구원.

이지평(2016), "일본기업 구조조정 20년의 교훈", LGERI 리포트, LG Business Insight 2016-6-1, LG경제연구원.

조경엽·허원제(2012), 「일본의 "잃어버린 20년"과 한국에의 시사점」, 정책연구 2012-08, 한국경제연구원.

조동철 편(2014), 「우리 경제의 역동성: 일본과의 비교를 중심으로」, 연구보고서 2014-03, 한국개발연구원.

조종화·이형근(2003), 「일본의 자산버블 경험과 한국에 대한 시사점」, 정책연구 03-10, 대외경제정책연구원.

[해외문헌]

Ahearne, A.G. and N. Shinada(2004), "Zombie Firms and Economic Stagnation in Japan", paper presented at the University of Michigan CGP Conference, Macro/Financial Issues and International Economic Relations: Policy Options for Japan and the United States, October 22-23, 2004.

Ando, A., D. Christelis, and T. Miyagawa(2003), "Inefficiency of Corporate Investment and Distortion of Savings Behavior in Japan", in M. Blomstrom et al. eds., Structural Impediments to Growth in Japan, 155~190, Chicago: University of Chicago Press.

Barro, R.T. and X. Sala-i-Martin(1992), "Regional Growth and Migration: A Japan-Unites States Comparison", Journal of the Japanese and International Economies, 6(4), 312~346.

Caballero, R.J., T. Hoshi, and A.K. Kashyap(2008), "Zombie Lending and Depressed Restructuring in Japan", American Economic Review, 98:5, 1943~1977.

Cette, G., Y. Kocoglu, and J. Mairesse(2009), Productivity Growth and Levels in France, Japan, the United Kingdom and the Unites States in the Twentieth Century, NBER

Working Paper 15577, NBER.

Chun, H., T. Miyagawa, H.K. Pyo, and K. Tonogi(2015), Do Intangibles Contribute to Productivity growth in East Asian Countries? Evidence from Japan and Korea, RIETI Disscussion Paper Series 15-E-055, RIETI.

Comin, D.(2008), An Exploration of the Japanese Slowdown During the 1990s, mimeo.

Esteban-Pretel, J., R. Nakajima, and R. Tanaka (2010), "TFP Growth Slowdown and the Japanese Labor Market in the 1990s", Journal of the Japanese and International Economies, 24, 50~68.

Felipe, J.(1999), "Total Factor Productivity Growth in East Asia: A Critical Survey", Journal of Development Studies, 35(4), 1~41.

Fernald, J.G. and C.I. Jones(2014), The Future of U.S. Economic Growth, NBER Working Paper 19830, NBER.

Foster-McGregor, N. and B. Verspagen(2017), "Decomposing Total factor Productivity Growth in Manufacturing and Services", Asian Development Review, 34(1), 88~115.

Fujii, D. and Y. Nozawa(2013), Misallocation of Capital During Japan's Lost Two Decades, DBJ Discussion Paper Series, No, 1304, Development Bank of Japan.

Fukao, K., T. Inui, H. Kawai, and T. Miyagawa(2004), "Sectoral Productivity and Economic Growth in Japan, 1978-98: An Empirical Analysis based on the JIP Database", in T. Ito and A.K. Rose, eds., Growth and Productivity in East Asia, National Bureau of Economic Research - East Asia Seminar on Economics, Vol. 13, Chicago, IL: University of Chicago Press.

Fukao, K. and H.U. Kwon(2005), Why Did Japan's TFP Growth Slow Down in the Lost Decade? An Empirical Analysis Based on Firm-Level Data of Manufacturing Firms, RIETI Discussion Paper Series 05-E-04, RIETI.

Fukao, K. and T. Miyagawa(2007), "Productivity in Japan, the US, and the Major EU Economies: Is Japan Falling Behind?" *mimeo*.

Fukao, K., T. Miyagawa, H.K. Pyo, and K.H. Lee(2011), Estimates of Total Factor Productivity, the Contribution of ICT, and Resource Reallocation Effects in Japan and Korea, Global COE Hi-Stat paper Series 177, Institute of Economic Research, Hitotsubashi University.

Fukao, K. and O. Saito (2006), "Japan's Alternating Phases of Growth and Outlook for the Future", Asia Pacific Seminar on World Economic Performance: Past, Present and Future to Mark the Occasion of Angus Maddison's 80th Birthday, The

University of Queensland, 5-6 December 2006.

Hayashi, F.(2006), "The Over-Investment Hypothesis", in Long-run Growth and Short-run Stabilization, edited by Lawrence R. Klein, Edward Elgar Publishing.

Hayashi, F. and E.C. Prescott(2002), "The 1990s in Japan: A Lost Decades", Review of Economic Dynamics, 5, 206~235.

Jorgenson, D.W. and K. Nomura(2007), "The Industry Origins of the US-Japan Productivity Gap", Economic System Research, 19(3), 315~341.

Kato, T.(2001), "The End od Lifetime Employment in Japan?: Evidence from National Surveys and Field Research", Journal of the Japanese and International Economics, 15, 489~514.

Kawamoto, T.(2005), "What Do the Purified Solow Residuals Tell Us About Japan's Lost Decade?" Monetary and Economic Studies, February, Institute for Monetary and Economic Studies, Bank of Japan, 113~148.

Kohsaka, A. and J. Shinkai(2013), It's Not Structural Change, But Domestic Demand: Productivity Growth in Japan, OSIPP Discussion Paper DP-2013-E-005, Osaka School of International Public Policy.

Kuttner, N. and A.S. Posen(2001), "The Great Recession: Lessons for Macroeconomic Policy from Japan", Brookings Papers on Economic Activity, No. 2, Brookings Institution Press.

Lee, J.Y.(2011), "Japan's Lost decade Revisited: Total Factor Productivity and Economic Growth", Journal of International and Area Studies, 18(2), 65~73.

Leigh, D.(2010), "Monetary Policy and the Lost Decade: Lessons from Japan", Journal of Money, Credit and Banking, 42(5), 833~857.

Liu, Y. and N. Westelius(2016), The Impact of Demographics on Productivity and Inflation in Japan, IMF Working Paper WP/16/237, IMF.

McDonald, M.I.(2003), "Demographic Change and the Japanese Recession", The Australian Economic Review, 36(4), 442~458.

McKinsey Global Institute(2000), Why the Japanese Economy is not Growing: Micro Barriers to Productivity Growth, McKinsey Global Institute.

Morana, C.(2004), "The Japanese Stagnation: An Assessment of the Productivity Slowdown Hypothesis", Japan and the World Economy, 16, 193~211.

Miyazawa, K.(2012), "Capital Utilization in Japan's Lost Decade: A Neoclassical

Interpretation", Japan and the World Economy, 24, 246~253.

Nakajima, T., K. Nomura, and T. Matsuura(2004), Total Factor Productivity Growth: Survey Report, Asian Productivity Organization.

Nakaso(2015), Japan's Economy and Monetary Policy, Initial Remarks at the 2015 U.S. Monetary Policy Forum Held in New York, Bank of Japan.

Nakatani, T. and P. Skott(2007), "Japanese Growth and Stagnation: A Keyensian Perspective", Structural Change and Economic Dynamics, 18, 306~332.

OECD(2004), Understanding Economic Growth: A Macro-level, Industry-level, and Firm-level Perspective, OECD.

Sanchez, J.M. and E. Yurdagul(2014), "A Look at Japan's Slowdown and Its Turnaround Plan", The Regional Economist, January 2014, Federal Reserve Bank of St Louis.

Shioji, E.(2015), "Productivity, Demand and Inter-Sectoral Labor Allocation in Japan", Japan Labor Review, 12(2), 65~85.

Shioji, E.(2001), "Composition Effect of Migration and Regional Growth in Japan", Journal of the Japanese and International Economies, 15(1), 29~49.

Shioji, E.(1996), Regional Growth in Japan, CEPR Discussion Paper Series 1425.

Yoshikawa, H.(2000), "Technical Progress and the Growth of the Japanese Economy - Past and Future", Oxford Review of Economic Policy, 16(2), 34~45.

Young, A.(1995), "The Tyranny of Numbers: Confronting the Statistical Realities of the East Asian Growth Experience", Quarterly Journal of Economics, 110, 641~680.